V

SECRETS

ET

RECETTES INDISPENSABLES,

Recueillis et mis en ordre

PAR M. ALBERTE.

—

PARIS,

ISIDORE PESRON,

RUE PAVÉE ST-ANDRÉ-DES-ARTS.

V

COLLECTION

UTILE.

LYON. — IMPRIMERIE DE LOUIS PERRIN.

SECRETS

ET

RECETTES INDISPENSABLES,

Recueillis et mis en ordre

PAR M. ALBERTE.

PARIS.

ISIDORE PESRON,

13, RUE PAVÉE ST-ANDRÉ-DES-ARTS.

ABRÉVIATIONS.

*   Journal des Connaissances usuelles.
** Manuel Pharmaceutique de Foy.
p. partie.
Bau. Aréomètre de Baumé.
ââ. de chaque.
B. M. bain-marie.

SECRETS

ET

RECETTES INDISPENSABLES.

Moyen de conserver les OEufs.

Il faut avoir dans ce but des vases d'une capacité médiocre, de la contenance, par exemple, de quarante à soixante œufs ; car si on leur donnait une plus grande dimension, le poids des œufs placés dans la partie supérieure, agissant sur ceux qui se trouveraient dans le fond, les briserait, et l'on éprouverait par là une perte. On fait de l'eau de chaux en prenant dix livres de chaux sur cent d'eau ; on verse celle-ci sur la chaux petit à petit ; on délaie bien le tout. Lorsque cette eau a reposé pendant quelques heures, on la met dans un vase, où l'on dépose chaque matinée les œufs aussi-tôt qu'ils sont pondus ; car si l'on attendait au lendemain , ils auraient perdu leur fraîcheur primitive. On tient en réserve dans un autre vase , de l'eau de chaux pour couvrir à la hauteur de deux ou trois pouces , lorsqu'il est nécessaire , les œufs dont on fait chaque jour le dépôt. On descend le vase à la cave, afin qu'il soit habituellement exposé à une température égale. Il faut avoir soin de le boucher ou de le couvrir pour intercepter une communication immédiate avec l'air. On conserve ainsi les œufs d'une année à l'autre dans un bon état de fraîcheur.

On emploie d'autres méthodes ; mais toutes nous paraissent devoir être abandonnées pour celle que nous proposons, et dont le succès a été constaté par des expériences réitérées. *

Remède contre les Verrues.

Frottez-les avec le suc laiteux de la titimale., ou avec la chélidoine jaune ou herbe d'éclair ; cassez-en la tige , et exprimez le jus jaune qui en sortira, sur les verrues : elles ne tarderont pas à disparaître.

Manière de nettoyer les Armes, le Fer et l'Acier.

Lorsque le fer et l'acier ont été attaqués par la rouille , il faut commencer par les frotter avec de l'émeri en poudre fine, mêlé avec un peu d'huile ; on emploie ensuite la pierre ponce en poudre très fine, et l'on donne le lustre avec le tripoli. On n'emploie que ces deux dernières substances, lorsque le fer ou l'acier n'est pas rouillé. On se sert pour nettoyer d'une planchette de bois de saule, de peuplier, ou de tout autre bois tendre et non résineux, ou d'une carette ou pièce de bois pointue pour atteindre les parties creuses des moulures ou des ornements. Lorsqu'on emploie la pierre, ainsi que le tripoli, on doit détremper l'un et l'autre avec un peu d'huile, et employer une forte peau roulée pour les frotter sur les surfaces des armes. Le dernier poli, qui se produit avec du tripoli, doit être fait à sec. Il suffit ensuite pour conserver un beau poli.

On donne aussi un beau lustre à l'acier avec de l'hématite pilée et réduite en poudre très fine unie à une quantité égale de vermillon. *

Pour écrire sur le papier sans qu'il y paraisse.

Faites dissoudre une once de sel ammoniac dans un verre d'eau ; écrivez avec ce mélange, et quand vous voudrez lire, il faudra placer l'écriture devant le feu et elle deviendra noire.

Eau de Seltz.

Eau pure contenant deux fois son volume de gaz acide carbonique,   20 onces 1|2.

Versez-la dans une bouteille de capacité convenable, dans laquelle vous aurez introduit sous-carbonate de soude,   gr. iv

de magnésie,   ij

Muriate de soude,   xxij

Dose une ou deux pintes par jour, comme stimulant.

Eau de Vichy.

Eau pure contenant deux fois son volume de gaz acide carbonique,   xx onces 1|2.

Sous-carbonate de soude,   gr. xxxij

de magnésie,   1|2

Sulfate de soude,   xvj

Muriate de soude,   iv

de fer,   1|4

Faites dissoudre les sels dans l'eau.

Dose, sept à huit verres dans la journée, comme tonique.

Vernis Blanc.

Mettez dans un matras (1) de verre de Lorraine, contenant un tiers de plus que votre matière, une livre d'esprit de térébenthine

(1) Vase à long col.

et une livre de térébenthine de Venise ; bouchez ce matras avec un autre petit matras dont le col entrera dans celui où est le vernis. Quand vous aurez bien joint vos deux cols avec du papier collé, mettez votre matras sur le pain de sable, et faites-le bouillir doucement pendant une heure. Après l'avoir retiré du feu, mettez votre vernis dans une bouteille de verre, et il sera excellent.

Recette pour faire de l'Encre rouge.

Il faut prendre une once de beau bois de brésil en poudre, six onces d'eau et six onces de vinaigre blanc. On met le tout dans un ballon de verre ou dans un pot vernissé; on laisse macérer le mélange pendant vingt-quatre heures; on le fait bouillir pendant une heure, on filtre la décoction à travers un filtre de papier joseph, en faisant bien égoutter le marc pour en retirer le plus de liqueur possible. On ajoute à la liqueur chaude,

Un gros de sucre candi ,
        d'alun ,
           de gomme arabique bien blanche;
Le tout réduit en poudre fine.

On agite bien le mélange, et quand le sucre, l'alun et la gomme sont dissous, on avive la couleur en ajoutant peu à peu assez de muriate d'étain, pour donner à l'encre rouge la teinte amarante que l'on désire, et en essayant l'encre à chaque fois.

Nota. Il faut bien prendre garde d'être trompé en achetant le bois de Brésil réduit en poudre.

Le marc doit être bien lavé avec un nouveau mélange d'eau et de vinaigre. On conserve cette liqueur pour servir à faire de nouvelle encre.

Ces doses donnent environ trois bouteilles d'encre, de même grandeur que celles que vendent les papetiers. Ainsi, les personnes qui font usage de cette encre, trouveront une grande économie à la fabriquer elles-mêmes ; ce qui est facile.

On pourrait ajouter aux ingrédients ci-dessus un gros de cochenille ; mais cette dépense est inutile, car on obtient sans cela une couleur aussi vive et aussi prononcée, ainsi que nous nous en sommes assurés par l'expérience. *

Manière d'empêcher l'eau d'entrer dans les Souliers.

Faites fondre ensemble une pinte d'huile sans goût, deux onces de cire jaune, deux onces de térébenthine, et une demi-once de poix grasse de Bourgogne. Frottez vos souliers neuf à quelque distance du feu avec cette composition, et recommencez aussi souvent que la chaussure séchera.

Manière prompte et certaine d'éteindre le Feu qui a pris à une cheminée.

Lorsqu'on s'aperçoit que le feu a pris dans un tuyau de cheminée, on doit aussitôt étendre sur l'âtre le bois allumé, ainsi que la braise, et y jeter le plus également possible trois ou quatre poignées de soufre que l'on aura réduit en poudre fine; on bouche immédiatement après le devant de la cheminée, en y plaçant une table ou une porte, un devant-de-cheminée ou un drap bien mouillé, qu'on a soin de tenir fortement à à la partie supérieure et sur les côtés.

Le soufre étant un très bon combustible, s'enflamme à l'instant et absorbe si fortement l'oxygène de l'air renfermé dans la cheminée, que la flamme cesse aussitôt de brûler; le feu, quelque ardent qu'il soit, s'éteint à l'instant. Comme on peut éviter de grands désastres par un moyen si facile, il serait prudent d'avoir dans chaque ménage deux livres de soufre en poudre pour s'en servir en cas de besoin.

Ce procédé pourra inspirer de la crainte sur son emploi, d'après l'opinion où l'on est qu'une matière qui s'enflamme aussi facilement et avec tant d'activité que le soufre doit augmenter l'intensité du feu au lieu de la diminuer; mais la pratique, d'accord avec la théorie, démontre l'efficacité de ce moyen. M. Darcet a été chargé, il y a quelques années, de vérifier la bonté de ce procédé, qui se trouve indiqué dans de vieilles collections de recettes. Il en a fait l'essai dans une cheminée de l'hôtel des Monnaies de Paris, qui n'avait pas été ramonée depuis long-temps. Après avoir fait entrer trois ou quatre fagots dans cette cheminée, on y mit le feu; et lorsque celui-ci se fut communiqué dans toute la longueur du tuyau, et que la flamme s'éleva au dehors à plusieurs pieds, on jeta du soufre dans le foyer, on boucha exactement l'ouverture avec une vieille porte, et le feu s'éteignit à l'instant. On recommença trois fois la même expérience avec autant de succès. Il faut avoir soin de ne pas déboucher de suite le devant de la cheminée, afin de laisser refroidir et bien éteindre la suie. *

Pour nettoyer les Cadres dorés.

Jetez de l'eau sur les baguettes dorées, à plusieurs reprises, jusqu'à ce qu'elle retombe limpide; gardez-vous de les frotter avec une éponge ou avec un linge quelque fin qu'il soit, vous enléveriez la feuille d'or.

Eau pour détacher.

On met dans une terrine vernissée une bouteille d'eau tiède, on y ajoute un peu de savon blanc, une once de soude d'Alicante pulvérisée; lorsque le tout est bien fondu, on y joint deux cuillerées de fiel de bœuf et un peu d'essence de lavande. On remue bien le tout; on passe à travers un linge, et l'on met la liqueur en bouteille pour s'en servir au besoin.

Lorsqu'on veut en faire usage, on en met avec précaution une petite quantité sur la tache; on frotte avec une petite brosse. On lave ensuite l'endroit où était la tache, ou celui sur lequel la liqueur s'est étendue; on emploie pour cela de l'eau tiède; on enlève ainsi toute la composition, qui pourrait nuire à l'étoffe si on en laissait des traces. *

Pour écrire en Lettres d'or et d'argent.

Exprimez du jus de feuilles de genièvre; mettez dedans de la limaille d'or ou d'argent; laissez reposer pendant trois jours entiers. Vous écrirez très facilement avec cette composition, et vous aurez des lettres d'or ou d'argent.

Manière de lustrer les Poêles, Plaques de cheminée et autres ustensiles en fonte.

1° Nettoyez les plaques avec une forte brosse ; enlevez la rouille et la poussière en frottant avec de la pierre ponce ou du sable silicieux.

2° Pilez environ un quarteron de mine de plomb ; lorsqu'elle est en poudre, mettez-la dans un pot avec un demi-setier de vinaigre.

3° Frottez-en les plaques avec la brosse.

4° Quand elles sont suffisamment sèches, frottez-les avec une brosse jusqu'à ce qu'elles deviennent luisantes comme glace *.

Pour copier sur-le-champ une Estampe ou un portrait.

Mouillez votre toile ou votre papier d'eau détrempée d'alun et de savon; couvrez dans cet état votre toile ou papier d'une feuille de papier blanc, mettez le tout sous une presse. En le retirant vous aurez une copie assez exacte.

Procédé pour distinguer l'Or du Cuivre.

L'or pur est à peu près deux fois aussi lourd que le cuivre, et l'on peut ainsi les distinguer par leur pesanteur spécifique; mais pour s'en assurer d'une manière plus certaine, il n'y a qu'à toucher le métal qu'on veut essayer avec une baguette de verre trempée dans l'acide nitrique : si la partie touchée par l'acide devient bleue ou verte, il y a du cuivre; mais si le métal n'est pas altéré par l'acide, c'est de l'or pur. *

Toile qui résiste au Feu.

Reduisez en cendre du bois de chêne pourri, mêlez-y une égale quantité de cendres gravelées; faites bouillir le tout dans dix fois autant d'eau que vous avez de cendres, remettez-y de l'eau à mesure qu'elle se réduit pendant l'ébullition; faites bouillir dedans pendant une heure un gros bâton d'alun de plume. Après avoir retiré votre vaisseau du feu, mettez-le dans une cave; un mois après vous trouverez votre alun de plume comme du lin; faites-en faire de la toile, elle ne se consumera pas au feu; au contraire, on peut la mettre dans un brasier pour la blanchir.

Fabrication de petits Pains délicats.

Pour fabriquer de petits pains de table, à café, à chocolat et autres, j'emploie la fleur de farine, ou de la farine de gruau. Sur douze kilogrammes ou vingt-quatre livres de cette farine, qui rendent ordinairement quinze kilogrammes (trente livres) de pâte, j'ajoute quatre litres et demi d'eau de la Seine, épurée, ou passée à travers des filtres épuratoires, et demi-litre de mousse de bière mêlé à l'eau que je fais tiédir. L'eau étant ainsi préparée, je la verse à l'un des bouts du pétrin, à côté de la quantité de farine indiquée ci-dessus, et j'opère graduellement le mélange de l'eau et de la farine (opération qu'on nomme phraser en terme de boulangerie). Aussitôt que la pâte est faite avec tous les soins nécessaires et ordinaires, je la divise en autant de parties que je veux avoir de pains d'un poids déterminé. La pâte ainsi divisée et pesée, est déposée sur une planche recouverte d'une toile qu'on relève en lui faisant faire un pli entre chacune des portions de pâte, qui se trouvent ainsi encaissées et séparées les unes des autres par un pli de toile qui s'oppose à leur réunion, quoique très rapprochées les unes des autres. Les planches ainsi garnies ou chargées de toutes les parties de la pâte qu'on vient de former, sont exposécs dans un lieu chaud et surtout à l'abri des courants d'air, pour éviter la trop grande dessiccation de la pâte à sa surface; dans cette position, la pâte lève dans l'espace d'un quart d'heure, c'est dans cet état que je la mets au four, qui est échauffé au degré convenable, et au point que la cuisson des petits pains de table, à café, à chocolat, etc., s'opère en vingt-cinq minutes. Il n'est pas indifférent pour le succès de cette partie de la boulangerie, de donner au four la température nécessaire, suivant la grosseur des pains : trop élevée, la chaleur brûle le pain à la surface, et au dessous du degré nécessaire, le pain n'éprouve pas la cuisson convenable, lors même qu'on le laisserait long-temps au four. Le pain ainsi fabriqué à un goût exquis et une fraîcheur agréable qu'il conserve plus long-temps que tout autre pain, même celui qu'on pétrit au lait, et qui prend très souvent un goût aigre, surtout lorsqu'il est fabriqué avec des levains mal préparés. (BREVETS D'INVENT. TOME 9.)

Procédé pour donner au Bois l'apparence d'Acajou.

On peut donner à des bois communs la couleur d'un beau bois d'acajou en choisissant ceux qui lui ressemblent par leur tissu et leurs veines, ainsi que par leur densité et leur exactitude à prendre un beau poli.

On commence par passer sur la surface de ces bois une eau forte ou acide nitrique, affaiblie d'une quantité d'eau assez considérable, ce qui leur fait prendre déja une couleur rougeâtre. Après quoi, on compose une teinture en faisant dissoudre dans une bouteille d'esprit de vin, une once de sang-de-dragon et autant de carbonate de soude ; cette liqueur étant filtrée , on en applique plusieurs couches jusqu'à ce que le bois ait bien pris l'aspect de l'acajou ; on lui donne ensuite le lustre avec un peu d'huile. *

Secret pour graver sur le Fer et l'Acier.

Prenez une partie de charbon de tilleul écrasé, deux parties de vitriol et autant de sel ammoniac ; broyez le tout avec du vinaigre, jusqu'à ce que vous en ayez fait une pâte molle ; ensuite quand vous voudrez graver sur le fer ou sur l'acier , ébauchez votre dessin avec une espèce de crayon fait avec du vermillon et de l'huile de lin mêlés , et couvrez-le de l'épaisseur d'un doigt de la manière énoncée. Il faut que votre matière soit chaude, et plus elle le sera, plus tôt l'ouvrage sera gravé ; mais il ne faut cependant pas la brûler. Quand tout sera bien sec, ôtez votre poudre et lavez bien votre gravure.

On peut de même prendre du vert d'Espagne ou une partie de sel commun, le broyer dans un mortier avec de fort vinaigre, et faire comme précédemment.

Enfin on peu prendre du vitriol, de l'alun, du sel commun, du charbon de tilleul et faire comme dessus.

Pour faire le Fer-blanc.

Prenez du son de seigle pur, faites-le bouillir pendant quelques minutes dans du vinaigre et un peu d'eau, mettez-y des feuilles de fer noir, ôtez le feu et bouchez bien le vaisseau; laissez-y tremper le fer pendant trois fois vingt-quatre heures; ensuite ayant retiré vos feuilles, écurez-les avec le son dans lequel elles ont trempé, et passez dessus un peu de gré ; ensuite, après les avoir fait tremper dans de l'eau où aura été dissous du sel ammoniac, plongez-les dans l'étaim fondu, faites-les égoutter, et après les avoir frottées avec du son de seigle, vous aurez du fer-blanc.

Manière de préserver les Murs de l'humidité.

Les murailles imprégnées de salpêtre sont toujours sujettes à l'humidité, ce qui arrive souvent dans les appartements au rez-de-chaussée. Mais rien de plus malsain que d'habiter ou de coucher dans des chambres humides. Il en résulte, surtout pour les personnes délicates, ou pour celles qui ne prennent pas habituellement un grand exercice, des rhumatismes, des douleurs de membres, et d'autres infirmités encore plus graves. Cette humidité est surtout funeste aux enfants, et elle occasione souvent chez eux le développement du rachitisme. Le plus sûr et le plus prudent est toujours de ne point habiter des appartements humides. On peut cependant se préserver de cette humidité, en collant contre les murailles qui en sont atteintes, des feuilles de plomb très minces, pareilles à celles dont on double les boîtes à thé et autres objets du même genre; on fixe ensuite ces feuilles avec des clous en cuivre, et l'on colle par dessus du papier de tenture ordinaire. *

Chambre obscure.

Fermez une chambre de manière à n'y laisser entrer le jour par aucun endroit, faites une ouverture circulaire au volet de cette chambre et appliquez-y un verre concave de trois à quatre pieds de foyer; placez à la même distance de trois à quatre pieds, en face du verre, un carton couvert d'un papier blanc, qui ait environ deux pieds de longueur sur dix-huit à vingt pouces de hauteur; courbez-le sur sa longueur, de sorte qu'il fasse partie de l'intérieur d'un cylindre qui aurait pour diamètre le foyer de ce verre ; ajustez-le, à cet effet, sur un chassis, dont la courbure soit égale, et élevez-le sur un pied mobile, que vous avancez et que vous reculez à volonté devant le verre, pour choisir le point exact où tous les objets extérieurs situés en face de la fenêtre viendront se peindre sur le carton.

Manière de teindre les Bois en noir.

Faites bouillir dans l'eau, pendant un quart d'heure, du bois de Brésil coupé en morceaux ; mouillez et frottez avec cette liqueur, à trois reprises différentes, la pièce de bois, en la laissant sécher chaque fois ; mouillez ensuite et frottez avec une brosse trempée dans du vinaigre préparé ainsi qu'il suit : on met, dans deux onces de vinaigre, une once de limaille d'acier ou de fer, le tout dans une fiole que l'on place près du feu, pendant l'espace de deux heures ; on décante le vinaigre pour s'en servir au besoin.

Pour préparer l'Émeri.

Calcinez trois ou quatre fois dans le feu, de l'émeri du Levant ou d'Espagne ; laissez-le réfroidir, et pilez-le dans un creuset avec le double de soufre vif en poudre ; chauffez le creuset dans un fourneau pendant trois ou quatre heures ; faites quatre fois le procédé. Mettez l'émeri dans un matras après l'avoir pilé en poudre très fine ; et mettez dessus de l'eau régale qui surnage de trois doigts ; laissez reposer le tout pendant huit heures , versez par inclination l'eau régale teinte ; remettez-en de la nouvelle sur la matière , et laissez-le huit heures comme auparavant. Enfin mettez vos eaux teintes dans une cornue ; distillez presque le tout, et la matière jaune qui restera dans la cornue , sera l'émeri ; vous y mettrez du camphre la grosseur d'une noisette.

Recette pour composer une Soupe économique.

Prenez quatre onces d'orge nue ou sans pellicule, lavée dans l'eau froide , et quatre onces d'ognons coupés en tranches ; mettez-les dans quatre pintes ou quatre pintes et demie d'eau, que vous ferez bouillir pendant une heure , puis vous transvaserez. Faites frire dans la poêle une ou deux onces de graisse de bœuf ou de mouton, ou bien deux ou trois onces de lard très gras, coupé en tranches minces. Lorsque la graisse sera fondue, joignez-y quatre onces de gruau d'avoine, ou de farine de froment à son défaut, que vous mêlerez de manière à former une pâte sur laquelle vous verserez le bouillon d'orge, cuillerée par cuillerée, remuant à mesure ; faites ensuite bouillir le tout. La graisse doit être mêlée au gruau et au bouillon, de manière que l'estomac le plus délicat ne puisse en souffrir; mettez ensuite dans une petite tasse une dragme de graine de céleri en poudre, ou de graine de cresson ou moitié de chaque; on peut faire usage des semences aromatiques de différentes autres espèces de graines. On ajoute en outre une drachme et demie de poivre noir, qu'on mêle d'abord avec un peu de bouillon, et qu'on jette ensuite dans la soupe. Faites encore bouillir un quart d'heure cette soupe, après quoi vous la salerez. Le degré de saveur peut être augmenté en doublant la quantité des ognons et en remplaçant le céleri par une gousse d'échalotte.

Un jarret de veau pesant six livres, peut procurer une soupe abondante et fort bonne, en la préparant ainsi :

Coupez une demi-livre de lard en tranches d'un demi-pouce d'épaisseur; mettez-les au fond d'une marmite ou d'une casserole profonde, et, par dessus, le jarret de veau, après avoir donné sur l'os deux ou trois coups de couperet; joignez-y deux carottes, une tête de céleri, deux gros ognons, dans un desquels on aura mis deux ou trois clous de giroffle, du poivre de la Jamaïque, et une assez grande quantité de sanette de thym et de persil, ajoutez la quantité d'eau nécessaire, et faites bouillir le tout. Après avoir écumé le pot, éloignez-

le un peu du feu , et laissez la viande cuire
doucement pendant quatre heures , relevez-
la ensuite ; passez le bouillon, et lorsqu'il
sera refroidi , ôtez la graisse de dessus , et
transvasez-le dans un autre pot.

Si vous voulez épaissir la soupe , mettez
dans une petite casserole trois cuillerées de
la graisse que vous avez retirée , et quatre
cuillerées de farine que vous délaierez avec
une cuillerée à pot de bouillon, puis mettez le
reste de la soupe et faites bouillir le tont ensemble. Coupez en petits morceaux la viande
que vous avez retirée et que vous mettrez
de nouveau dans la soupe , que vous ren-
drez plus agréable en y ajoutant quelques
épices. *

Remède contre la Brûlure.

Arrosez de suite la partie brûlée avec de
l'eau très froide, trempez-là entièrement
dans l'eau s'il est possible ; ensuite mettez
dessus une compresse d'eau très froide
dans laquelle vous aurez fait dissoudre de
l'alun , et ayez soin d'arroser continuelle-
ment la compresse pendant cinq ou six
heures, pour ne pas la laisser dessécher.

Eau de Cologne distillée.

Prenez :

Huile volatile, tirée des écorces
    de bergamotte ,
    de citron ,   } â â 100 p.
    de cédra ,

Huile volatile de romarin ,
          de fleur d'oranger, ââ 5o p.
          de lavande ,
          de canelle ,   25 p.

Dissolvez dans
    alcohol , à 36° Bau.   12,000 p.

Ajoutez
    alcoholat de mélisse composé, 1,5oo p.
        de romarin.   1,000

Melez le tout et distillez au B. M. , après dix jours de macération jusqu'à ce qu'il ne reste plus dans l'alambic que la cinquième partie du mélange.

Dose comme l'alcoholat de mélisse, p. 8.

Bonne Trempe pour les Armes.

Pilez ensemble quantité égale de titimale , de racine de raifort sauvage, de brioine et pourpier ; tirez-en au moins une livre de suc, joignez-y une livre d'urine , un gros de salpêtre , de sel de soude , de sel gemme et de sel ammoniac ; mettez le tout dans un vase de verre bien bouché , que vous laissez enterré pendant vingt jours dans une cave ; l'ayant retiré , mettez-le dans une cornue , et distillez-le dans un vase, par un feu gradué , et quand on veut tremper une arme , on l'éteint dans cette liqueur.

Manière de faire d'excellent Chocolat.

Amandes de cacao caraque,	3 p. 1/2.	
des îles.	6	
Sucre blanc concassé,	16	
Canelle en poudre,		1/16

Torréfiez les amandes de cacao, mondez-
les de leur enveloppe extérieure et de leur
germe, pilez-les dans un mortier, chauffé
préalablement avec des charbons incandes-
cents. Portez ensuite le tout sur une pierre
à chocolat suffisamment échauffée. Lorsque
la pâte sera aussi fine et aussi homogène
que possible, ajoutez-y le restant du sucre
et la canelle; triturez-la encore pendant
un quart d'heure, et divisez-la dans des
moules de fer-blanc, où par son affaisse-
ment et son refroidissement, elle prendra
la forme et la consistance convenables; le
chocolat se détache des moules en tordant
ceux-ci légèrement.

Note. Si à la quantité ci-dessus on in-
corpore autant de vanille pulvérisée qu'il y
a de canelle, on aura le chocolat dit à la
vanille.

Quoique ce chocolat soit plutôt considéré
comme aliment que comme médicament,
j'ai cru devoir en donner la recette, en rai-
son des nombreuses sophistications auxquelles il est soumis dans le commerce. La
différence des chocolats d'Italie et d'Espa-

gne gît dans la torréfaction plus ou moins prolongée du cacao. Le premier est plus sec, plus amer; le second, plus onctueux, plus gras. On conseille le premier comme tonique, le second comme adoucissant analeptique. **

Pour faire un Chassis plus clair que du verre.

Prenez du parchemin de mouton ou de velin, bien poli et bien blanc; mouillez-le et collez-le sur le chassis; quand il sera sec, prenez partie égale d'huile de noix et d'eau claire, avec un peu de verre bien pilé; vous faites bien bouillir le tout sur un feu de sable dans un vase de verre, et vous en enduisez vos chassis.

Procédés pour enlever les Taches sur les Vêtements.

Les taches sont ou grasses ou huileuses, ou résineuses, ou elles sont produites par les acides, par les alcalis ou l'urine, par l'encre, la poix, le goudron, le cambouis, etc.

1° Les taches grasses ou huileuses s'enlèvent, soit par le savon ou l'eau chargée d'alcali, quand il s'agit d'étoffes qui peuvent se laver; on peut encore employer le fiel de bœuf, comme font les dégraisseurs: l'essence de térébenthine et l'éther peuvent également dissoudre les taches grasses des livres et estampes.

Il y a moins d'utilité dans l'emploi des terres absorbantes ou alumineuses, comme la terre à foulon ou argile, glaise, ou la craie, la chaux éteinte, etc,

2° Les résines et la cire s'enlèvent facilement au moyen de l'alcohol plus ou moins rectifié.

3° Les taches d'acide, rongent le plus souvent les couleurs; on est donc alors obligé de peigner l'étoffe avec les chardons, et d'arracher les poils de l'étoffe décolorée; le savon et les alcalis rappellent rarement les couleurs à leur état primitif.

4° Les taches par les alcalis et l'urine peuvent s'enlever au moyen des acides végétaux, le vinaigre, le suc de citron, les acides du tartre et du sel d'oseille.

5° Les taches d'encre ordinaire sur le linge s'enlèvent facilement à l'aide du sel d'oseille; on les ôte encore sur d'autres objets avec de l'acide nitrique affaibli, même avec du verjus, etc. L'encre d'imprimeur étant grasse, a besoin de savon ordinaire ou de savon ammoniacal, puis on lave l'étoffe.

6° La rouille s'enleve au moyen d'un hydro-sulfate de potasse ou dissolution de foie de soufre alcalin; ensuite on lave à grande eau.

7° La poix, le goudron, les peintures

à l'huile se détachent au moyen d'huile volatile de térébenthine. L'alcohol s'emploie aussi pour les premiers ; le cambouis et d'autres corps gras analogues s'enlèvent au moyen du jaune d'œuf cuit, ensuite on savonne et on lave *.

Pour enlever les pellicules et les écaillures des Doigts.

Frottez-les légèrement avec une pierre ponce, et elles partiront sans vous faire éprouver de sensation douloureuse.

Pastilles odorantes.

Clous de girofle ,	gros ij.
Baume de Pérou ,	once j.
Benjoin en lames,	onces ij.
Storax calamite ,	gros vj.
Cascarelle ,	onces iij.
Nitrate de potasse ,	onces iv.
Braise de boulanger ,	onces vj.

Réduisez toutes ces substances en poudre, mêlez-les très exactement et avec suffisante quantité de mucillage de gomme adraganthe ; faites-en des espèces de petits cônes que vous ferez secher à une douce chaleur. Il suffit pour s'en servir, de mettre leur sommet en contact avec un corps en ignition ; ils brûlent lentement et répandent une odeur très aromatique.

2*

Eau-forte pour graver.

Prenez trois onces de vert-de-gris, d'alun de roche, de vitriol romain et de gros sel, réduisez le tout en poudre fine ; mettez un peu plus d'une pinte d'eau dans un pot de terre neuf ; jetez-y vos drogues et laissez-les infuser une heure ou deux ; mettez le pot sur un feu de charbon, et retirez-le dès que l'eau aura frémi ; laissez-le refroidir, ensorte qu'on puisse, sans se brûler, tremper la main dans l'eau. Alors remplissez un gobelet de terre de cette eau, et jetez-la sur votre matière à graver, de sorte qu'elle humecte tous les endroits qui doivent être marqués, et qu'elle retombe dans une terrine placée au dessous. Vous arroserez ainsi votre ouvrage pendant trois quarts d'heure, puis vous laverez avec de l'eau de fontaine la boue de l'eau-forte. Ensuite vous sonderez avec une aiguille la profondeur de la gravure ; si elle n'est pas assez profonde, vous continuerez d'arroser. Mais ayez soin de ne pas verser l'eau trop chaude, elle gâterait l'ouvrage ; il vaut mieux la verser tiède et plus long-temps.

Manière de graver à l'Eau-forte.

Prenez une planche bien polie, chauffez-la sur le feu, et couvrez-la d'un vernis sec ou liquide ; ensuite noircissez ce vernis en plaçant la planche au dessus d'une chandelle allumée.

Après cela calquez votre dessin sur cette planche ; ce qui sera plus facile que pour graver au burin , car en frottant avec la sanguine ou autrement le dessous du dessin, et le posant ensuite sur le cuivre pour le calquer avec une pointe d'aiguille , la sanguine du revers du dessin marquant facilement sur le vernis, fait que l'on suit aisément les traits , et qu'on est beaucoup plus correct dans les contours et les expressions de toutes les figures.

Il est quelquefois besoin de retoucher au burin certaines parties qui n'ont pas assez de force , ou que l'eau-forte n'a pas assez pénétrées.

Pour faire paraître les parties éloignées et les plus proches, il ne suffit pas que le graveur travaille avec la pointe de son aiguille ou de son échoppe avec la force et la tendreté nécessaire, il faut encore prendre garde , quand on verse l'eau-forte sur la planche, qu'elle ne morde pas également partout ; on y parvient en faisant usage d'une mixtion d'huile et de suif de chandelle.

Pour cela on attache sa planche un peu inclinée contre une caisse de bois poissée, on jette l'eau-forte dessus ; elle ne fait que couler et retombe dans un vase de terre. Il faut bien voir quand les parties qui ne

doivent pas être si pénétrées, ont reçu assez
de cette eau ; on ôte la planche , et après
l'avoir lavée avec de l'eau claire, on la fait
sécher doucement près du feu , ensuite on
couvre avec cette mixtion d'huile et de suif
les parties les plus éloignées et celles qu'on
veut laisser les plus faibles , et l'eau-forte
n'y pénètre pas davantage. En couvrant
ainsi à diverses fois les endroits qui doivent
être moins forts , les figures qui sont devant
sont toujours lavées de l'eau-forte qui les
pénètre jusqu'à ce qu'on les voie suffisamment gravées.

Pour graver sur le Bois.

On prépare d'abord une planche fort unie
du côté qu'on veut graver. On emploie ordinairement pour cela du poirier ou du
buis ; on dessine à la plume sur cette planche , le sujet tel qu'on veut qu'il soit dans
l'impression. Quand on ne sait pas dessiner,
on colle le dessin sur la planche avec de la
colle faite avec de bonne farine , d'eau et
un peu de vinaigre. Il faut que les traits
soient collés contre le bois ; et lorsque le
papier est bien sec , on le lave doucement
avec de l'eau , de sorte qu'il ne reste plus
sur la planche que les traits d'encre qui
forment le dessin ; on enlève délicate-
ment tout le reste avec des pointes de ca-
nif bien tranchantes, ou de petits ciselets,
selon la grandeur et la délicatesse du travail.

Pour graver sur le Cuivre, au burin.

On prend une planche de cuivre rouge bien polie, et l'on fait dessus le dessin que l'on veut avec une pointe ou la pierre de mine ; ensuite on peut graver et donner plus ou moins de force, avec des burins bien acérés et de bonne trempe.

On emploie aussi un outil long d'environ six pouces, dont l'une des extrémités, qu'on appelle grattoir, formée en triangle, tranchant des trois côtés, sert à ratisser sur le cuivre quand il en est besoin. L'autre bout nommé brunissoir, a la forme d'un cœur dont la pointe est allongée, ronde et fort mince ; il sert à polir le cuivre, réparer les fautes et adoucir les traits. Pour mieux voir son ouvrage, on a un tampon de feutre noirci, dont on frotte la planche, ce qui noircit les traits, à mesure que l'on grave ; on a aussi un coussinet de cuir qui sert à supporter le cuivre pendant qu'on travaille.

Gelée de Pommes. — Gelée de Coings.

Pommes rainettes, quantité voulue.
Sucre blanc, pour   3 p. 1/2
Suc de pomme.   3

On prend les pommes non encore parfaitement mûres, on les pelle avec un couteau à lame d'argent ; celles en fer sont

attaquées par l'acide malique, il y a formation de malate qui colore la pulpe et par
suite la gelée. On les fend en quatre, pour
pouvoir enlever facilement les pépins et
leurs cloisons. A mesure qu'on les coupe,
on les laisse tomber dans un vase contenant
de l'eau légèrement acidulée avec le suc de
citron ; on les retire et on les fait cuire
dans quatre pots d'eau distillée sur trois,
jusqu'à ce qu'elles s'écrasent facilement sous
le doigt sans se réduire en bouillie ; alors
on les jette sur un tamis très serré, et on les
laisse égoutter. Avec la liqueur lympide et
mucilagineuse qui s'est écoulée, et la quantité de sucre prescrite, on fait une gelée que
l'on fait cuire jusqu'à formation de pellicule;
on enlève cette pellicule, et lorsque le mélange refroidi sur des assiettes, prend une
consistance tremblante, on le coule dans des
pots au fond desquels se trouvent des zestes
de citron lavés à l'eau bouillante pour les
priver de leur âcreté.

On prépare de la même manière la gelée
de coings. **

Cérat.

Huile d'amande douce	3 p.
Cire blanche,	1

Faites fondre la cire dans l'huile, à une
très douce chaleur; laissez réfroidir le mélange, raclez-le de la superficie au fond,

mettez-le dans un mortier et agitez-le jusqu'à ce qu'il n'y ait plus de grumeaux.

Peinture à l'Huile.

Broyez sur une table de marbre, une certaine quantité de rouge de prusse avec de l'huile de lin cuite ; servez-vous pour cela d'un instrument de marbre en forme de pain de sucre qu'on appelle MOLETTE ; broyez votre peinture jusqu'à ce qu'il ne reste plus un grain de couleur. Quand vous voudrez peindre l'huile, délayez avec un pinceau deux livres de cette peinture broyée, avec une livre et demie d'huile de lin cuite et une livre d'essence de térébenthine, et appliquez cela avec un pinceau sur la première couche de détrempe. Enfin après avoir mis une seconde couche de détrempe sur la peinture à l'huile, mettez votre encaustique (vernis qui donne le vernis à la couleur), et votre peinture sera belle.

Procédé pour faire les Briquets phosphoriques.

Prenez un petit tube en verre fermé par un de ses bouts ; faites-y fondre un petit bâton de phosphore ; puis bouchez-le ; prenez un bouchon ordinaire que vous creusez de manière à y faire entrer le tube. Lorsque vous

voulez vous servir de votre briquet, débouchez le tube et plongez-y une allumette
soufrée, de manière à enlever une petite
portion de phosphore ; puis, après avoir
rebouché, frottez l'allumette sur le bouchon
qui entoure le tube, elle s'allumera de suite.
Tout cela doit se faire avec rapidité, car
le phosphore ne reste pas long-temps à l'air
sans entrer en combustion : on est même
obligé de conserver les bâtons de phosphore dans de l'eau. *

Remède contre les Gerçures.

Saupoudrez-les avec de la farine d'orge,
ou bien mettez dessus de l'eau miellée. Ces
deux remèdes sont également bons pour
cette douloureuse incommodité.

Opiat dentifrice.

Corail rouge porphyrisé,	64 p.
Os de sèche pulvérisé,	16
Canelle pulvérisée,	16
Cochenille pulvérisée,	16
Miel de Narbonne,	160
Alun pulvérisé,	1

On triture long-temps, dans un mortier
de marbre, la cochenille et l'alun avec une
petite quantité d'eau commune, jusqu'à ce
qu'on ait obtenu une belle couleur rouge.
On ajoute alors, peu après, le miel et les

autres poudres, et l'on obtient un électuaire
que l'on parfume ensuite avec quelques
huiles essentielles. On met de celles-ci une
goutte par gros d'électuaire.

Remède pour les Cors aux pieds.

Mettez un morceau d'encens dans de fort
vinaigre, jusqu'à ce qu'il soit assez amolli
pour s'étendre; couvrez-en un petit morceau de peau et mettez-le sur le cor, que
vous aurez préalablement coupé après un
bain.

Gelée de Groseilles.

Suc de groseilles récent, } parties égales.
Sucre pulvérisé,

On prend la quantité que l'on veut de groseilles pas trop mûres et séparées de leur
rafle; on les écrase avec les mains et on
les exprime dans un linge fort et serré. Dans
le suc exprimé on ajoute le sucre; on remue
le tout avec une spatule de bois jusqu'à ce
qu'il n'y ait plus de grumeaux, et on coule
dans les pots. La gelée une fois solidifiée,
on la couvre de rondelles de papier trempées dans de l'eau-de-vie.

Nota. Ce mode de préparation, pour la
gelée de groseilles, ne convient qu'autant
que les fruits ne sont pas trop mûrs, sans
quoi il vaut mieux opérer de la manière
suivante : On prend une quantité donnée de

groseilles ; on les égrène, on les met dans une bassine avec douze p. de sucre en pain pour seize de fruit. On place le tout sur le feu ; les groseilles ne tardent point à se crever ; leur suc s'écoule et le sucre fond ; une fois celui-ci fondu, on fait bouillir le mélange pendant cinq ou six minutes ; on passe à travers un linge serré et l'on coule dans des pots. On peut aromatiser cette gelée avec quatre p. de framboises pour seize de groseilles. **

Poudre Dentifrice.

Os de sèche,	24 p.
Cochenille,	3
Tartrate acidule de potasse,	36
Canelle,	6
Girofles,	1

Faites de toutes ces substances pulvérisées un mélange parfait, que vous passerez ensuite au porphyre. **

Amadou facile à se procurer.

Comme on peut manquer d'amadou ordinaire dans beaucoup de circonstances, il sera facile de s'en procurer sur-le-champ, en fesant brûler des morceaux de vieux linges, ou même de ce gros papier dont on enveloppe les pains de sucre. On met le feu à ces linges, et on les étouffe aussitôt que la flamme cesse. Ces matières carbonarisées prennent feu aussitôt qu'elles sont atteintes par une étincelle du briquet. *

Manière de s'assurer de bon Fumier.

Il faut se réserver, près des écuries, un espace de terrain faiblement incliné d'un seul côté. On pave le sol avec de larges pierres plates, et on l'entoure d'un mur dans lequel on garde une ouverture. Après cela on étend, dans cet espace, environ un pied et demi haut de terre sèche ; c'est là qu'on dépose le fumier provenant des écuries et des étables, en le répandant toujours également. Le tas achevé, on le couvre d'une couche de terre et on le laisse pendant trente jours dans cet état. Après cela on a de bon fumier.

Moyen de donner le Brillant à la Vaisselle d'argent.

Dissolvez de l'alun dans une forte lessive, écumez-le avec soin ; ajoutez-y ensuite du savon, et lavez avec ce mélange les vases d'argent, en les frottant avec un morceau de toile : vous leur donnerez ainsi beaucoup d'éclat. *

Moyen de régulariser les Pendules.

Beaucoup de pendules se règlent, soit à

l'avance, soit au retard, par le plus ou le moins d'allongement du balancier. Plus le balancier est long, plus la pendule retarde; et plus il est court, plus elle avance. Pour l'avancer, on tourne à gauche la rondelle, qui rétrécit le balancier; et pour la retarder on la tourne à droite.

Manière de souder le Fer, l'Acier, la Tôle.

On fait fondre, dans un vase de terre, du borax; on y ajoute du sel ammoniac dans la proportion d'un dixième. Lorsque ces ingrédients sont suffisamment fondus et mélangés, on les verse sur une plaque de fer et on les laisse refroidir. On obtient ainsi une matière nitreuse, à laquelle on ajoute une quantité égale de chaux vive.

Le fer et l'acier qu'on veut souder sont d'abord chauffés au rouge; puis on répand dessus la composition, préalablement réduite en poudre. Cette composition se fond et coule comme de la cire à cacheter; après quoi on remet les pièces au feu, en ayant soin de les faire chauffer à une température bien au dessous de celle qu'on emploie ordinairement pour souder; enfin on les retire, on les frappe à coups de marteau. Les deux surfaces se trouveront ainsi parfaitement jointes ensemble.

On assure que ce procédé, qu'on peut

appliquer à la soudure des tuyaux de tôle, ne manque jamais son effet. *

Lessive pour nettoyer les Livres et les Estampes imprimées.

Mettez un boisseau de cendres de sarment sur quatre seaux d'eau de rivière ; faites bouillir cela plusieurs heures. Laissez reposer l'eau pendant sept ou huit jours, et tirez-la à clair. Otez d'abord la couverture du livre, mettez les feuillets entre deux cartons, liez-les légèrement avec une ficelle, et mettez le livre bouillir un quart d'heure dans cette eau. Laissez-le un quart d'heure en presse, remettez-le bouillir comme auparavant, et remettez-le en presse une seconde fois ; enfin retirez le livre encore chaud de dessous la presse, et mettez-le dans un vase plein d'eau de rivière pure et bouillante : cela achève de le nettoyer entièrement.

Pommade pour les Engelures.

Prenez : cire blanche, une demi-once ; moelle de bœuf, une once ; sain-doux, trois onces. Faites cuire ces matières, à feu doux, dans un vaisseau de faïence ; après une cuisson légère, passez-les à travers un linge.

Avant de se coucher, on étend cette pommade sur les engelures, et l'on s'enveloppe les mains ou les pieds pour que le frottement des draps n'enlève pas la pommade. Si l'on s'en sert aussitôt que l'on ressent l'atteinte des engelures, elles disparaissent au bout de trois ou quatre jours. *

Pour nettoyer les Cuivres dorés.

Faites dissoudre un peu de blanc d'Espagne dans de l'eau et frottez-en votre cuivre.

Procédé pour faire passer la mauvaise Odeur d'une Chambre, nouvellement bâtie ou nouvellement peinte.

Il faut avoir, dans un vase, un brasier bien allumé; après l'avoir mis au milieu de la chambre sur une large pierre, de crainte de feu, on y jettera deux ou trois poignées de grains de genièvre. On se retirera aussitôt, après avoir eu soin de bien fermer les fenêtres et la cheminée; on fermera de même toutes les portes. On restera vingt-quatre heures sans entrer dans la chambre; après cet intervalle l'odeur malsaine n'existera plus. La fumée de genièvre a cet avantage, qu'elle ne gâte point les meubles ou les tapisseries d'un appartement. *

Pour nettoyer les Cuivres blancs.

Pilez et délayez du charbon dans de l'huile, frottez-en vos cuivres ; et pour leur donner de l'éclat, frottez-les avec du tripoli très fin, étendu sur une peau de buffle ou toute autre peau.

Moyen de remplacer les Pâtes d'amande pour nettoyer et adoucir la peau.

Il consiste à prendre un peu d'une farine quelconque, à verser par dessus quelques gouttes d'huile pour en faire une pâte, dont on se frotte les mains ; on les lave ensuite avec de l'eau. On se sert d'amidon ou de fécule de pomme-de-terre, à défaut de farine. C'est une espèce de pâte d'amande dont tout le monde peut faire usage, quels que soient ses moyens pécuniaires. On pourra encore s'en servir avec agrément en aromatisant ce mélange avec quelques gouttes d'essence. La pâte d'amande ordinaire se compose uniquement de la fécule et de l'huile contenues dans le fruit de l'amande. On pile celle-ci et on y ajoute de l'essence. Aussi toute espèce de fécule ou de farine est propre à nettoyer les mains et à adoucir la peau *.

Vernis pour les Tableaux.

Mettez infuser sur des cendres chaudes, pendant une nuit, quatre onces de gomme arabique fort claire dans un verre d'eau. Le matin, passez-la par un linge ; ajoutez-y du miel blanc de Narbonne, aussi passé, la grosseur d'une noix, et du sucre candi la grosseur d'une noisette ; servez-vous-en sans pinceau.

Colle à la Gomme Arabique.

On peut employer la gomme arabique pour coller des papiers, des étiquettes d'histoire naturelle ou autres objets de ce genre. Dans ces différents cas, il est bon d'avoir toujours sous la main une colle qui puisse se conserver sans se moisir. A cet effet, on fait dissoudre dans l'eau de la gomme qu'on tient à une certaine consistance, et à laquelle on ajoute un peu d'alcohol ; ou bien l'on fait dissoudre cette gomme dans l'eau-de-vie, et on la conserve dans un flacon à large ouverture, fermé avec un bouchon en verre, afin d'empêcher l'évaporation. Cette colle, n'étant pas sujette à moisir, peut se conserver pendant un temps indéterminé. Le sucre fondu, mélangé avec la gomme, peut non seulement aider à sa conservation, mais il la rend moins sèche et moins cassante, et empêche

les papiers et les étiquettes collés avec de
la gomme de se détacher ou de se désunir
lorsqu'elles sont exposées au soleil ou à une
température très sèche. *

Vernis excellent.

Broyez du vert-de-gris avec du vinaigre,
mettez-le dans un morceau de pâte; faites
cuire le tout comme du pain. Après avoir
fendu votre pâte cuite, retirez le vert de
gris; mettez-le dans de l'eau-de-vie ou de
l'esprit-de-vin, employez-le; passez dessus
de la gomme arabique, et polissez.

Manière de nettoyer les Gants sans les mouiller.

Posez les gants sur une planche très propre, prenez une petite brosse ferme et frottez-les avec un mélange d'argile à dégraisser bien sèche et d'alun en poudre. Après
les avoir bien battus et brossés pour faire
tomber les matières, vous répandez dessus
du son sec et du blanc d'Espagne, puis
époussetez-les de nouveau. Cela suffira,
s'ils ne sont pas très sales. Dans ce cas,
enlevez la graisse avec de la croute de pain
grillée et de la poudre d'os brûlé, puis
frottez avec de la flanelle imprégnée de poudre d'alun et de terre à dégraisser. Vos
gants seront blanchis sans être lavés, ce
qui les gâte et les fripe. *

Manières de nettoyer les Carafes, les Flacons et autres ustensiles de cristal ou de verre.

On forme, avec du papier gris-brouillard, des boules plus ou moins grosses ; on les fait entrer dans le vase qu'on veut nettoyer, on y jette une eau de savon légèrement chauffée, on agite fortement le vase en le tournant dans tous les sens; on rejette ensuite tout ce qu'on y avait mis, et on le rince bien avec de l'eau froide. *

Manière de calquer une Estampe sur papier.

Prenez un crayon de mine de plomb, frottez-en partout un côté de papier blanc, jusqu'à ce qu'il n'ait plus que la couleur du crayon ; mettez une feuille de papier blanc sur le côté qui est noir, et mettez votre estampe sur tout cela, en l'attachant avec des pincettes ; ensuite il faut suivre tous les traits de l'estampe, en les pressant avec une aiguille à tricot. Quand vous aurez suivi ainsi tous les traits, l'estampe sera marquée sur la feuille blanche, qui se trouvera placée sur la feuille noire. Refaites ensuite vos traits plus corrects avec de l'encre de la Chine ; et après avoir frotté votre dessin avec de la mie de pain, les traces noires disparaîtront ; il ne restera plus que celles de l'encre de la Chine, qui seront corrigées.

Ciment pour raccomoder la Porcelaine.

Les Chinois raccomodent leur porcelaine en faisant bouillir pendant cinq ou six minutes, dans une eau bien claire, un morceau de verre blanc ; ils pilent ensuite ce verre ; ils le passent à un tamis fin et lui donnent un grand degré de ténuïté en le broyant sur un marbre après l'avoir mélangé avec du blanc d'œuf. C'est avec ce ciment qu'ils rejoignent les vases rompus. Sa ténacité est tellement forte que les parties rejointes ne se séparent jamais, même lorsqu'on vient à rompre de nouveau le vase ainsi raccomodé. *

Procédé pour nettoyer les Gravures et les Livres

Il suffit, pour blanchir une gravure, de la plonger dans une dissolution de chlore, en faisant durer l'immersion plus ou moins long-temps, selon la saleté du papier. Lorsqu'il s'agit de blanchir le papier d'un livre relié, comme il faut que toutes les feuilles soient trempées dans la dissolution, on doit prendre soin de bien ouvrir le livre et faire ensorte que le papier trempe seul dans la liqueur ; il faut séparer les feuilles les unes des autres pour qu'elles soient humectées également des deux côtés; on lave ensuite avec de l'eau bien propre et l'on fait sécher.

Par ce procédé on enlève aussi les taches d'encre. *

Pour ôter les Taches d'Huile.

Rapez du savon blanc, mettez-le dans une bouteille remplie de lessive à moitié; jetez-y deux œufs frais, un peu de sel ammoniac, du fiel de bœuf et du suc de chaux; enfin, une once de tartre en poudre fine. Laissez ensuite la bouteille bien bouchée, exposée pendant quatre jours au soleil du midi; lavez les taches avec cette liqueur; quand elles seront sèches, lavez-les avec de l'eau pure, et elles disparaîtront.

Remède contre la Sueur des Pieds.

Saupoudrez-vous les pieds avec de la poudre d'alun brûlé, et prenez souvent des bains d'eau tiède.

Pour nettoyer et blanchir l'Argenterie.

Rapez quatre onces de savon blanc dans un plat, mettez-y une demi-bouteille d'eau chaude; mettez, dans un autre plat, un peu de lie de vin en pain avec autant d'eau chaude; mettez, dans un troisième plat, des cendres gravelées avec autant d'eau chaude. Prenez une brosse, trempez-la d'abord dans le plat de lie de vin, ensuite dans celui des cendres, et, enfin, dans celui du savon; frottez votre argenterie, lavez-la dans l'eau chaude et essuyez-la.

Procédé pour empêcher les effets de la Rouille sur les métaux.

Faites chauffer le fer ou l'acier au petit rouge, par un feu de bois; dans cet état, frottez-le avec de la cire ou trempez-le dans l'huile.

Autre Procédé.

Chauffez, ainsi qu'il vient d'être dit, et frottez le métal avec de la corne ou avec des plumes et de l'huile.

On obtient ainsi un vernis très solide, qui est ordinairement employé pour les machines qui ne doivent pas être limées. *

Pour ôter la Rouille du Fer.

Prenez un linge mouillé dans de l'huile de tartre par défaillance, frottez-en le fer.

Pour conserver l'Éclat des Armes.

Mettez de la poudre d'alun dans du vinaigre très fort, et frottez-en les armes; ou bien frottez-les avec de la moelle de cerf; elles resteront toujours luisantes.

Pour ôter toute sorte de Taches sur le drap, de quelque couleur qu'il soit.

Prenez un jaune d'œuf frais , une demi-livre de miel cru et la grosseur d'une noix de sel ammoniac; mettez le tout , mêlé ensemble , sur les taches des étoffes de soie ; vous laverez la tache avec de l'eau fraîche , après avoir laissé cela dessus quelques minutes , et elle ne paraîtra plus.

L'eau empreinte de savon noir , de fiel de bœuf et de sel de soude enlève les taches de graisse sur les draps et autres étoffes.

Manière de faire le Pain.

Prenez du levain proportionellement avec la quantité de pain que vous voulez faire. Le levain est un morceau de la pâte de la dernière fournée. Mettez dans votre huche la quantité de farine qui doit servir à pétrir le pain , élevez-la des deux côtés , et laissez au milieu un vide où vous mettez votre levain. Faites chauffer de l'eau de manière à y tenir la main, versez-la au milieu de la huche, détrempez bien le levain, et lorsqu'il est bien délayé , formez petit à petit, avec le tiers de votre farine , une pâte ferme que vous couvrez d'une serviette , sur laquelle vous renversez toute la farine qui se trouve aux deux côtés de la huche, et vous la couvrez. Douze heures après cela, vous faites

chauffer de l'eau comme pour le levain,
vous mettez la farine à sa place première,
et ayant ôté la serviette, vous jetez votre
eau au milieu, et vous faites votre pâte avec
le levain et le reste de la farine. Quand
votre pâte est bien battue, vous faites vos
pains et vous les faites cuire une heure et
demie après.

Pour faire de l'Encre Rouge.

Dissolvez une demi-once de gomme arabique dans trois onces d'eau rose, et dé-
trempez-en votre vermillon ou votre cinabre.

Pour clarifier le Vin tourné.

Remplissez un sachet de copeaux minces
de bois de hêtre, suspendez-le dans le
tonneau, et retirez-le deux jours après.

Pour préserver le Fer de la Rouille.

Frottez le fer de cire blanche neuve;
quand il est chauffé au point qu'on ne
puisse le toucher sans se brûler, remettez-le au feu pour qu'il absorbe la cire; essuyez-le d'un morceau de serge, et il ne se
rouillera jamais.

Pour ôter les Tâches d'Encre sur le drap ou le linge.

Trempez de suite le linge dans du suc d'oseille, du jus de citron, ou dans du vinaigre chargé de savon blanc.

Pour faire de l'Encre verte.

Prenez du vert-de-gris, du suc de rue et du safran; broyez le tout et infusez-le dans de l'eau gommée.

Pour rétablir le Vin gâté.

Faites bouillir un seau de bon vin, et jetez-le bouillant dans le tonneau de vin gâté; bouchez bien de suite le tonneau, et, quinze jours après, il aura recouvré sa première qualité.

Mastic subtil pour recoller les Vases cassés.

Battez bien des blancs d'œuf, joignez-y du fromage mou et de la chaux vive, et battez bien le tout ensemble. Ce mastic résiste à l'eau et au feu.

Pour garantir de la Rouille les Plaques de cheminée.

Délayez de la mine de plomb en poudre avec un peu d'eau; frottez-en les plaques, les tôles, les cornets de poêle, jusqu'à ce que l'objet que vous frottez soit devenu luisant. Tous les fers qui sont couverts de cette mine de plomb restent long-temps sans se rouiller.

Pour enlever les Taches de vin et de fruits rouges.

Après avoir lavé la tache avec de l'eau et du savon, formez une espèce d'entonnoir avec du carton; allumez dessous un peu de soufre, la tache disparaîtra en la présentant à quelque distance du sommet de l'entonnoir; lavez-la ensuite avec de l'eau pure.

Boisson économique.

Mettez infuser deux livres de framboises dans de bon vinaigre, avec la moitié d'un citron, et bouchez votre vase hermétiquement. Quand vous voudrez boire cette boisson, dont le goût agréable ressemble au sirop de vinaigre, mettez, dans un verre d'eau, un peu de sucre et une cuillerée à café de votre liqueur.

Moyen de préserver les Arbres des Chenilles.

Placez, au haut de la tige de l'arbre, une grosse motte de terre que vous attacherez bien : toutes les chenilles tomberont, et la motte de terre, que vous ne sortirez pas, empêchera qu'elles ne reviennent.

Pour nettoyer les Bronzes dorés et argentés.

Trempez dans de l'eau bouillante la pièce tachée de cire ou de suif, jusqu'à ce que le suif ou la cire soit fondue; ensuite frottez l'endroit de la tache avec une brosse empreinte de blanc d'Espagne délayé dans de l'eau; enfin, avec une autre brosse, enlevez le blanc d'Espagne.

Pour nettoyer les Bas de soie.

Savonnez-les et mettez-les aussitôt après sur un linge fin étendu sur le dossier d'une chaise renversée, couvrez-les d'un autre linge, et mettez sous le dossier de la chaise renversée un réchaud dans lequel vous ferez brûler de la fleur de soufre, de sorte que la fumée du soufre pénètre les bas; ensuite repassez-les à l'envers.

Moyen d'empêcher que la Sueur des Mains ne tache et n'altère quelques Ouvrages.

Frottez-vous les mains avec un peu de licopode en soufre végétal, et vous empêcherez les effets de cette incommodité.

Moyen d'empêcher les Mouches de gâter les meubles, dorures, etc.

Frottez les murs et les boiseries de la chambre avec de l'huile de laurier. Les mouches n'y resteront pas, car cette odeur les éloigne.

Manière de laver le Nankin sans qu'il perde sa couleur.

Jetez une poignée de sel dans un grand vase d'eau fraîche, faites tremper votre nankin dedans pendant vingt-quatre heures, et lavez, sans le tordre et sans savon, à l'eau de lessive chaude : il gardera sa couleur.

Manière de faire périr les Taupes.

Coupez des vers de terre en tronçons de deux ou trois pouces, poudrez-les de noix vomique râpée ; laissez-les dans cet état pendant vingt-quatre heures, et mettez-en deux ou trois morceaux dans chaque boyau ; si la taupe en mange, elle périra.

Pour clarifier le Vin tourné.

Prenez huit livres de miel écumé et refroidi, une demi-livre d'alun de roche en poudre, autant de sucre rosat et une bouteille de bon vin ; mettez le tout dans le tonneau de vin, remuez-le bien, laissez-le jusqu'au lendemain, débouchez, et il sera clair trois jours après.

Pour faire de bon Vinaigre de vin en très peu de temps.

Mettez dans du vin un morceau de bois d'if; il ne tardera pas de le changer en vinaigre.

Moyen de nettoyer les Quinquets et les Lampes.

Faites bouillir de la potasse dans de l'eau et versez-en dans le conduit par lequel vous mettez l'huile. Votre quinquet sera propre intérieurement, quand vous l'aurez laissé deux jours dans cette lessive.

Manière de conserver les Tonneaux vides dont on s'est servi, et de leur faire perdre un goût d'aigre qu'ils ont pu contracter.

Quand vous avez vidé un tonneau, égouttez-le bien et brûlez-y un morceau de mèche soufrée; bouchez-le bien soigneusement et mettez-le dans un endroit sec; de cette façon vous l'empêcherez de contracter un mauvais goût.

Pour rétablir les Couleurs altérées par la sueur.

Mouillez d'abord la tache, frottez-la avec de l'acide oxalique et rincez-la ensuite avec de l'eau. On est quelquefois obligé de frotter la tache avec de l'alkali volatil, avant d'y mettre l'acide oxalique; enfin on la lave bien avec de l'eau pure, et la couleur reparaît.

Pour ôter les Taches de Fer sur le linge.

Exposez les taches à la fumée de l'eau qui est en ébullition, mettez dessus du sel et du jus d'oseille; ensuite mettez le linge à la lessive.

Pour ôter les Taches d'huile sur le satin et autres étoffes, même sur le papier.

Mettez, dessus et dessous la tache, de la cendre chaude de pieds de mouton calcinés, et laissez-la pendant une nuit avec quelque chose de pesant dessus. Si le lendemain elle n'a pas disparu entièrement, il faut recommencer.

Pour ôter les Taches sur les étoffes de soie et de laine.

Détrempez de l'amidon bien blanc avec de l'eau de vie ; mettez-en sur les taches et laissez-le sécher ; enlevez ensuite l'amidon, et si les taches ne sont pas emportées, recommencez de la même manière.

Pour enlever les Taches de cire, de dessus le velours et toutes couleurs hors le cramoisi.

Prenez un pain dur et de bonne pâte ; faites-le rôtir sur le gril, par moitié, et mettez-en un morceau très chaud sur la cire. Quand le premier a fait son effet, mettez l'autre, et ainsi de suite, jusqu'à ce que vous ne voyiez plus la cire.

Pour rendre neufs les vieux Tableaux.

Faites bouillir, dans un pot de terre, un quarteron de soude grise en poudre, un peu de savon de Gênes râpé, dans de l'eau, pendant un quart d'heure ; laissez tiédir et lavez-en votre tableau ; essuyez-le ; frottez-le d'huile d'olive, essuyez le encore, et il sera comme neuf.

Manière de nettoyer les Estampes.

Couvrez une table de papier, mettez dessus l'estampe que vous voulez laver, et versez de l'eau bouillante que vous étendrez sur toutes les parties de l'estampe avec une éponge fine; quand l'estampe sera blanchie, mettez-la dans un vase de bois d'une capacité plus grande que l'estampe ; couvrez cela d'une feuille de gros papier et versez dessus de l'eau bouillante; pour conserver la chaleur, vous couvrez le vase avec un linge. Cinq à six heures après vous retirez votre estampe, que vous étendez sur une corde pour en exprimer l'eau ; quand elle est à moitié sèche, vous la mettez entre des feuilles de papier que vous chargez de quelque poids pour qu'elle ne reste pas froissée.

Manière d'attendrir le Bœuf qui doit servir à faire le pot au feu.

Prenez un rouleau à faire de la pâte, et battez fortement pendant quelques minutes votre morceau de bœuf en dessus et en dessous ; ensuite ficelez-le avec soin avant de le mettre dans la marmite : il se cuira plus promptement, le bouillon en sera plus succulent, et le bœuf ne sera jamais dur.

Pour cirer les Meubles de noyer.

Mettez dans un pot une demi-livre de cire coupée en petits morceaux, avec quantité égale d'essence de térébenthine ; laissez-le pot dans l'eau bouillante jusqu'à ce que la cire soit totalement fondue dans l'essence ; retirez-le et couvrez-le bien d'un parchemin ; quand elle sera refroidie, votre matière aura la consistance du beurre pendant l'été. Empreignez-en le bout d'un pinceau et frottez-en les meubles que vous voulez cirer, après les avoir bien nettoyés, lavés et séchés. Quand vous les avez frottés de votre matière, exposez-les à l'air pour faire évaporer l'essence ; et quand votre cire aura pris de la consistance, frottez vos meubles avec un morceau d'étoffe de laine jusqu'à ce qu'ils soient bien brillants.

Limonade qui coûte peu.

Faites dissoudre une demi-livre de sucre dans une pinte d'eau, râpez-y de l'écorce de citron, mettez-y quelques tranches de citron et quelques gouttes d'huile de soufre.

Manière de conserver le Raisin.

Eclaircissez les grappes de raisin avant qu'elles soient cueillies, attendez qu'elles soient bien mûres pour les cueillir, étendez-les sur des claies, de telle sorte qu'elles ne se touchent pas. Visitez-les et ôtez-en les grains flétris. Quelques temps après mettez-les dans des tiroirs biens fermés et à l'abri de la gelée, et ouvrez-les seulement les beaux jours, quand le soleil luit.

Conservation des OEufs.

Pour conserver les œufs, prenez en une certaine quantité et immergez-les dans de l'eau de chaux : recouverts ainsi d'une couche calcaire, ils se conserveront longtemps.

Pour relever le Velours froissé.

Faites bien chauffer un fer à repasser, mouillez votre velours à l'envers, et pendant que quelqu'un le tient tendu, passez d'une main le fer chaud sur le côté mouillé, et de l'autre relevez avec une brosse le poil du velours. Par ce moyen simple, le velours dont la couleur n'est pas altérée, revient dans son état primitif.

Moyen d'éteindre les Feux de cheminée.

Quand le feu est à une cheminée, bouchez bien avec un drap mouillé l'ouverture qui se trouve dans l'appartement; ensuite fermez hermétiquement le haut de la cheminée qui se trouve sur le toit : l'air ne pouvant y pénétrer, le feu s'éteindra de lui-même.

Destruction des Punaises

Mettez à nu les murs et les cloisons, jetez tous les papiers que vous arrachez, et barbouillez toutes les jointures et les crevasses qui peuvent donner asyle aux punaises, avec du vernis à l'essence appelé *vernis de Hollande*. Quand vous aurez frotté ainsi tous les endroits où elles étaient, vous n'en apercevrez plus à l'avenir.

Pour coller une pièce de Vin.

Prenez quatre blancs d'œuf bien frais, battez-les avec une demi-bouteille de vin, mettez le tout dans le tonneau et introduisez par la bonde un bâton fendu en quatre par le bas, remuez-le pendant quelques minutes, en imprimant au vin un mouvement circulaire; fermez ensuite le tonneau, et quatre jours après vous pouvez le tirer.

Moyen d'augmenter la Chaleur dans une chambre, sans employer plus de bois.

Prenez des cendres du foyer, jetez de l'eau dessus et faites-en une pâte avec la pelle à feu; ensuite mettez cette espèce de mortier dans le foyer, entre les deux chenets, sur une épaisseur de trois ou quatre pouces. Arrangez les tisons et le bois sur ce foyer humide, et allumez le feu. On peut encore mettre de ce mortier derrière le bois, au fond de l'âtre.

Comment on garantit les Étoffes des teignes et des escarbots.

Mettez un morceau de camphre dans un sac de toile, que vous placez dans les armoires, parmi les vêtemens; ils seront en sûreté contre les teignes et les vers.

Manière de rendre le Lustre aux Galons d'or ou d'argent.

Faites chauffer de l'esprit de vin et humectez-en l'endroit terni en le frottant.

Pour mettre en Couleur Rouge les Carreaux d'un appartement.

Prenez une livre et un quart de colle de Flandre, faites-la dissoudre sur le feu dans six pintes d'eau, et passez-là à travers un torchon; délayez ensuite avec cela six livres de rouge de Prusse, mettez sur le feu et appliquez votre couleur quand elle sera bien chaude, sans bouillir. Vous en mettez deux couches, après lesquelles vous préparez l'encaustique. A cet effet, mettez trois quarterons de cire avec trois litres d'eau dans une casserolle; faites bouillir le tout et ajoutez-y peu à peu un quarteron de potasse dissoute, en remuant avec une cuiller de bois. Laissez refroidir cela et passez sur les carreaux avec un gros pinceau, sans frotter plus de deux fois au même endroit, dans la crainte d'enlever la couleur. Enfin prenez une brosse et frottez vos carreaux avant que l'encaustique soit entièrement sec. Ils deviendront luisants.

Colle.

La colle ordinaire qu'emploient les relieurs, les imagers et les vitriers, se fait avec de la bonne farine de blé, délayée et cuite avec de l'eau et un peu de vinaigre.

Pour faire de l'Encre Bleue.

Pulvérisez, dans un mortier, une once de crême de tartre et une once de vert-de-gris. Laissez le tout dans un vase de terre, sur des cendres chaudes, pendant deux ou trois jours ; ajoutez-y trois onces d'eau, et continuez de chauffer pendant six heures ; filtrez la liqueur, et ajoutez-y un gros de gomme arabique en poudre. Cette encre, très bonne pour écrire, sera d'un beau bleu foncé.

Remède pour les Engelures.

Prenez un bain d'eau chaude, dans lequel vous aurez mis une pierre d'alun et trois gousses d'ail.

Cirage pour les Souliers.

Mêlez ensemble quatre onces de mélasse et deux onces de noir d'ivoire ; ajoutez-y deux gros d'huile de vitriol ; délayez avec de l'eau et du vinaigre, et employez-le.

Moyen d'enlever les Taches sur les Papiers de tenture.

Pour enlever les taches de graisse sur des papiers de tenture, mouillez-les d'abord avec de l'essence de térébenthine, et recouvrez les taches avec du papier gris non collé, et appuyez fortement dessus pour qu'il puisse pomper l'essence avec la matière tachante.

La Lessive.

La lessive se réduit à quatre opérations principales : l'essange, le coulage, le retirage et le savonnage. On prend tout le linge sale, on l'agite et on le frotte dans l'eau froide. Après cela on range les pièces de linge une par une dans un grand cuvier, en mettant au fond le linge fin et dessus le linge grossier. On recouvre le tout d'une grosse toile, sur laquelle on étend une couche de cendres de bon bois. Ensuite on verse de l'eau sur les cendres pendant un jour. On reçoit l'eau dans un vase, à mesure qu'elle sort du cuvier, et on la verse de nouveau sur les cendres. Enfin on fait chauffer de l'eau dans une chaudière et on en verse dessus les cendres pendant quinze ou dix-huit heures, en procédant comme

4 *

pour l'eau froide. Il faut toujours entretenir le feu sous la chaudière. On fait aussi dissoudre, dans l'eau chaude, une certaine quantité de soude ou de potasse, et l'on en verse sur les cendres. Ensuite on rince le linge à l'eau froide avec du savon, et on le fait sécher.

Pour conserver le Vin.

Mettez de la seconde écorce du sureau (qui est verte), gros comme les deux poings, dans une chopine du meilleur esprit-de-vin ; laissez-la infuser dedans pendant trois jours ; passez votre esprit-de-vin dans un linge et versez dans un muid de vin ; il se conservera pendant dix ans.

Procédé pour enlever la Couleur d'un noir rougeâtre, que font prendre les œufs cuits à la Vaisselle d'argent.

Frottez simplement l'argenterie avec de la suie, et cette couleur disparaîtra.

Méthode pour débarrasser une Chambre des Cousins.

Fermez les portes et les fenêtres, enduisez de miel, délayé dans du vin, une lanterne de verre que vous laisserez allumée au milieu de la chambre quelques heures avant d'aller se coucher. Les cousins s'attacheront à la lanterne et ils y resteront.

Manière de clarifier les Liqueurs.

Passez-les, jusqu'à ce qu'elles soient bien claires, dans une chausse faite de drap de laine, ou bien dans une feuille de papier gris non collé, et supportée par une gaze, dans la crainte qu'elle ne se déchire.

Moyen de détruire les Fourmis.

Enduisez de sirop plusieurs vases, que vous placerez renversés au dessus des fourmillères. Vous trouverez tous les jours des milliers de ces insectes dans ces vases, et vous les détruirez en leur jetant dessus de l'eau bouillante.

Pour faire de bonne Encre à dessiner et à écrire.

Concassez une livre de noix de galle, mettez-la infuser dans un vase de verre avec deux bouteilles d'eau pure et pendant environ quinze jours au soleil d'été, remuant le vase de temps à autre ; ensuite coulez votre infusion à travers un tamis, dans un plat vernissé ; mettez dans un autre vase deux onces de gomme arabique avec la moitié de votre infusion ; faites dissoudre dans l'autre moitié deux onces et demie de couperose verte d'Allemagne, pendant vingt-quatre heures, ainsi que la gomme qui est dans l'autre plat ; enfin mêlez les deux infusions et votre encre sera excellente huit jours après.

Pâte économique pour blanchir les Mains.

Délayez, dans du lait, des pommes-de-terre cuites et bien pelées. La pâte d'a-mande n'est pas meilleure.

Pour parfumer le Linge.

Rassemblez des fleurs odoriférantes ; faites-les sécher à l'ombre , saupoudrez-les avec des poudres de muscade et de girofle , mettez le tout dans un sac de taffetas et mettez-le sur le linge.

Eau de Cologne non distillée

Huile essentielle de romarin ,	1/2 once.
idem de bergamotte	1/2 once
idem de citron ,	3 gros.
idem de Lavande ,	2 gros.
Alcohol à 36° degrés,	1 litre.

Mêlez. **

Autre non distillée

Huile essentielle de romarin	1/4 d'once.
idem de fleur d'oranger	1/2 once.
idem de bergamotte .	6 gros.
idem de citron ,	6 gros.
idem de cédra ,	6 gros.

Huile essentielle de lavande,   2 gros.
              de canelle,   1 gros.
Alcohol à 36° degrés,   1 litre.
Mêlez. **

Moyen de faire passer les Taches de rousseur.

Lavez-vous le visage le soir avec de l'eau fraîche, après vous être essuyé, frottez-le légèrement avec un linge imbibé de lait d'amande. Faites cela souvent, et les rousseurs passeront.

Remède contre la piqûre des Cousins.

Vous soulagez promptement la douleur occasionée par la piqûre de ces insectes, en frottant la plaie avec de l'alcali volatil, ou à défaut de ce remède avec de l'eau fraîche.

Manière de remettre en bon état les Chapeaux, après qu'ils ont été fortement mouillés.

Rien n'est plus nuisible aux chapeaux que l'eau, la pluie et la poussière; cette dernière s'imprègne entre les filaments du feutre et le rend crasseux et mal propre; pour éviter cet inconvénient, il suffit de brosser soigneusement chaque jour un chapeau; mais lorsqu'il a été fortement mouillé, il faut l'essuyer soigneusement avec un linge suffisamment doux, jusqu'à ce qu'on ait étanché l'eau qui se trouve à sa surface. On change la place du linge chaque fois, et l'on frotte en tournant dans le sens des poils. Si le chapeau se trouve déformé, on le rétablit avec les mains dans son état primitif, et on le suspend jusqu'au moment où il est presque sec; alors on le brosse à plusieurs reprises pour faire prendre aux poils la direction qui leur convient. Si l'on trouve qu'ils n'aient pas assez de lustre, on peut facilement leur en donner un plus brillant en les repassant avec un fer ordinaire à repasser le linge, et l'on finit par leur donner un nouveau coup de brosse. Ce sont de petites attentions et des soins de propreté qui coûtent peu et qui facilitent une mise propre et élégante. *

Manière de faire le Plomb à tirer.

Il y a quelquefois à la campagne de vieux plombs, pour lesquels on ne trouve aucun emploi; il sera facile de les utiliser et d'en faire de petites balles ou grains de plomb de toutes grosseurs pour la chasse. Il ne s'agit pour cela que de faire fondre le plomb dans une cuiller de fer, et de le verser dans une passoire sous laquelle on met un vase plein d'eau; le plomb en fusion passe à travers les trous de la passoire, tombe dans l'eau en petites gouttes, qui, se trouvant saisies par l'eau dans tous les points de leurs surfaces, s'arrondissent et forment de petits grains de différentes grosseurs, que l'on sépare en les passant à travers des tamis dont les trous diffèrent en diamètre.

Elixir de Garus.

Aloès succotrin pulvérisé,	10 p.
Myrrhe,	2
Safran,	1
Canelle,	1/2
Gérofles entiers,	1/2
Noix muscades râpées,	1/2
Alcohol à 22° Bau.,	256
Eau de fleurs d'oranger,	16

Laissez macérer le tout pendant deux ou trois jours; distillez ensuite. **

Fabrication nouvelle de Bouillon d'os.

Les moyens d'extraire la gélatine, qu'on a publiés jusqu'aujourd'hui, exigeraient plus ou moins de soins et de dépenses. L'administration des hospices de Montpellier en a cherché un plus économique; voici en quoi il consiste :

On casse les os avec une hache, et on les réduit en morceaux de la longueur d'un pouce à un pouce et demi. On les met dans un pot de terre, qu'on emplit jusqu'aux deux tiers de sa capacité. On ajoute de l'eau ; on le ferme avec un couvercle également de terre. Ce pot, ainsi rempli et couvert, est déposé dans le four au moment où le pain vient de sortir : Il y reste quatre heures. Après ce temps on le retire, et alors on y trouve un bouillon très graisseux et très gélatineux. On extrait ce premier bouillon ; on le dépose dans une auge, on laisse les os dans le pot, qu'on remplit avec une nouvelle eau; l'on remet le pot dans le four et on l'y laisse six heures; on le retire de nouveau et l'on en extrait un second bouillon, très bon, mais moins fort que le premier, avec lequel on le mêle; on laisse encore les os dans le pot, et on le remplit d'eau pour la troisième fois ; il est encore remis dans le four, et, après qu'il y est resté sept ou huit heures, on trouve un troisième bouillon, mais nécessairement moins fort que les deux premiers. En soumettant à ces trois expériences six kilogrammes d'os extraits de la viande crue, et en mêlant les trois bouillons qui en sont le résultat, on a obtenu vingt-un kilogrammes de bouillon, qui, assaisonnés avec quelques légumes, ont servi pour tremper la soupe à quatre cents quarante pauvres de l'hôpital général. Il n'est pas de procédé qui exige moins d'habileté et qui procure plus d'économie, car il épargne même la dépense du combustible, qui avait paru toujours indispensable. *

Eau de Mélisse des Carmes.

Canelle concassée,
Girofles entiers,
Noix muscades rapées,
Semence d'anis,
        de coriandre,
Écorces de citron sèches et incisées. } àà 96 p.

Faites macérer à part pendant deux ou trois jours chacune de ces substances dans

Alcohol, à 22° Bau. 1000 p.

Distillez ensuite au B. M., et conservez séparément chaque produit dans des flacons exactement bouchés. On doit distiller jusqu'à ce que la liqueur ne coule plus que goutte à goutte.

D'autre part, en suivant le même procédé et les mêmes conditions, faites macérer pendant deux jours, dans les mêmes proportions d'alcohol,

Angélique entière bien développée,
Feuilles et fleurs de romarin,
        de marjolaine,
        d'hysope,
        de thym,
        de sauge,

Distillez au B. M., et conservez encore chaque produit à part.

Toutes ces plantes doivent être récoltées et distillées aux époques où chacune d'elles se trouve le plus aromatique.

Faites macérer et distillez de la même manière et dans les mêmes proportions d'alcohol :

Feuilles de mélisse mondées et prises depuis le milieu jusqu'au milieu des tiges.

La mélisse doit être cueillie au mois de mai, avant la fleur; ou dans le renouvellement de sa pousse au mois de septembre.

Les choses ainsi déposées, faites les mélanges suivants, et dans les proportions ci-dessous indiquées :

1° Dans le premier vase,

alcoholat de canelle,	3 p.	5
de girofles,	3	»
de noix muscade,	3	»
de semence d'anis.	2	»
de semence de coriandre,	3	»
d'écorce de citron ,	»	25

2° Dans le second,

alcoholat d'angélique ,	10 p	»
de romarin,	6	»
de marjolaine,	7	»
d'hysope ,	8	»
de thym ,	7	»
de sauge ,	15	5

3° Dans le troisième vase,

alcoholat de mélisse (tout le produit).

De ces deux mélanges prenez :

du premier et du second, 5 p. »
de l'alcoholat de mélisse, 5   5

Mettez le tout dans la cucurbite d'un alambic, en y ajoutant une dixième partie d'eau de fontaine, et distillez au B. M. jusqu'à ce qu'il ne reste plus que la cinquième partie de tout le mélange. Le produit sera l'eau de mélisse la plus parfaite.

Nota. Nous supprimons la quantité de sucre prescrite (un quatre - vingtième), comme inutile.

Dose. Quelques gouttes dans un verre d'eau, comme tonique excitant, etc.; à l'extérieur, en frictions, quantité voulue.

Colle à bouche.

Prenez une once de colle de poisson, deux gros de sucre candi blanc, une drachme de gomme adragant; prenez ensuite des rognures de parchemin bien net, versez une chopine d'eau claire par dessus; faites bien bouillir; filtrez cette eau et versez la matière susdite; faites réduire le tout à la moitié par la cuisson; retirez le mélange du feu et faites-en de petites bandes, ou donnez-lui telle forme que vous voudrez.

Lorsque vous voudrez vous en servir, vous la passerez à la bouche et l'humecterez avec de la salive; ensuite, ayant frotté légérement un de vos papiers, vous l'étendrez sur l'autre, et avec une bande de papier mise à sec sur les deux bouts de papier enduits de colle, vous y passerez la paume de la main. Cette colle sèche promptement. Sa bonté consiste en sa force, sa transparence et sa dureté. *

Manière de donner à l'Etain l'apparence de l'argent.

Fondez quatre onces de cuivre fin en lames, et y ajoutez quatre onces d'étain doux pur. Lorsque cet alliage entre en fusion, ajoutez-y encore quatre onces de bismuth et quatre onces d'antimoine; faites fondre le tout ensemble et formez un lingot; broyez-le avec de la résine, un peu de sel ammoniac et de la térébenthine; faites-en des balles, que vous laissez sécher à l'air; et quand vous voulez vous en servir, réduisez-les en une poudre fine. Répandez ensuite cette poudre sur l'étain fondu; mêlez bien, et continuez à répandre vos balles pulvérisées sur l'étain fondu, jusqu'à ce que vous le voyez blanc et assez dur. Avec cet étain on peut fabriquer des fils pour les poignées de sabre et faire des boutons : cet alliage conservera toujours la couleur de l'argent *.

Procédé pour rendre le Bois moins susceptible de brûler.

On ne peut pas rendre le bois incombustible.

Pour en rendre l'inflammation difficile, il faut le pénétrer d'une dissolution saline qui puisse fondre à sa surface et la soustraire au contact de l'air. Si ne s'agissait que d'opérer en petit, le meilleur moyen serait le suivant :

Faites bouillir le bois dans une dissolution de phosphate de soude ou de phosphate de potasse, de borate d'ammoniaque, de borate de soude, ou de borate de potasse ; laisser refroidir ce bois en le tenant plongé dans la liqueur, l'en retirer, l'essayer et l'employer en le peignant, si l'on peut, avec des ocres délayées dans un peu de colle-forte.

Si l'on veut employer un procédé qui soit moins cher et plus convenable pour un travail en grand ; il faut faire bouillir les bois dans une dissolution d'alun, les y laisser refroidir et les peindre avec une couleur composée d'ocre et de colle-forte. *

Manière de faire prendre les couleurs sur les Papiers gras ou vernissés.

On prend un peu de fiel de bœuf qu'on mêle avec la couleur ; et comme cette substance est de nature savonneuse, elle dissout les matières grasses du papier et permet à la couleur de s'étendre et de s'appliquer. *

Moyen de préparer les Bois, afin d'empêcher qu'ils ne se gercent et qu'ils ne se jettent.

On sait que, pour certains travaux plus ou moins délicats, on a besoin de bois qui ne travaillent en aucune manière et qui se maintiennent toujours les mêmes. Il est facile de donner à toute espèce de bois cette qualité souvent si importante, en leur faisant subir une préparation qui consiste à les placer dans une caisse ou chambre hermétiquement fermée, où l'on fait arriver, par un tuyau aboutissant à une chaudière, de la vapeur d'eau qui ne doit pas être au dessus de la température de quatre-vingts degrés Réaumur. Après que les bois ont été ainsi exposés pendant deux heures, plus ou moins, à l'effet de la vapeur, et qu'on juge qu'ils en sont bien pénétrés, on les porte dans une étuve ou dans un atelier chauffé, où ils restent pendant vingt-quatre heures avant d'être mis en œuvre. *

Manière de couper du Verre.

S'il s'agit de couper un tube, un goulot ou quelqu'autre corps rond de verre, on peut prendre une pierre à fusil qui ait un angle bien tranchant, une agate, un diamant ou une lime, et l'on marque au pourtour du verre une ligne circulaire, précisément à l'endroit où l'on a dessein de le couper; on prend ensuite un long fil soufré, dont on fait deux ou trois tours sur la ligne circulaire que l'on a tracée. On met le feu au fil, on le laisse brûler; lorsqu'il a bien chauffé le verre, on jette quelques gouttes d'eau froide sur la partie chaude : dans l'instant la pièce se détache net, comme si on l'eût coupée avec des ciseaux. C'est par ce moyen que l'on parvient à couper un verre circulairement et par bandes étroites, de manière que ces bandes reposent les unes sur les autres, et, s'écartant à volonté, forment une espèce de ressort. Lorsqu'on veut couper des carreaux de vitre ou des plaques de verre peu épaisses, il suffit de tracer une raie avec les corps dont nous venons de parler, et de faire un léger effort pour détacher les portions de verre. *

Mortier économique.

Un moyen facile de se procurer un mortier assez solide et durable, surtout dans les campagnes, consiste à ramasser les détritus des pierres calcaires ou même siliceuses dont on a coutume de ferrer les grandes routes, lorsque ces pierres ont été réduites en poussière ou en boue, et sont rejetées des grands chemins. Cette matière, délayée dans l'eau en guise de mortier, remplace avec avantage le mortier ordinaire, lie très bien les pierres et forme des constructions solides. *

Badigeon propre à conserver aux bâtiments toute leur fraîcheur.

On nomme badigeonnage l'opération au moyen de laquelle on enduit les maisons ou autres édifices d'une couche de couleur blanche, grise ou autre nuance quelconque, afin de leur donner extérieurement une apparence de fraîcheur ou de nouveauté. On emploie aussi ce moyen pour l'intérieur des églises ou autres vastes enceintes. On se contente, pour l'ordinaire, d'employer la chaux ou le blanc d'Espagne, auxquels on donne une teinte avec du noir ou des ocres. Mais l'air, la lumière, la poussière, et d'autres causes d'altération, font promptement perdre à ces couches colorées leur fraîcheur et leur netteté. C'est pour obvier à ces inconvénients, et donner au badigeonnage plus de durée et de solidité, qu'on a imaginé le procédé suivant :

Prenez chaux vive, cinquante-sept parties ; plâtre cuit, vingt-trois; céruse ou carbonate de plomb, vingt; fromage mou bien égoutté. On fait fuser la chaux en l'arrosant avec une très petite quantité d'eau, de manière qu'elle puisse tomber en poussière ; on la tamise ; on la mélange avec le plâtre, également tamisé. On ajoute la céruse et le fromage, et l'on broie le tout avec un peu d'eau, de manière à former une bouillie plutôt épaisse que liquide. Enfin, lorsqu'on veut badigeonner les murailles, on délaie avec de l'eau et on l'applique avec un pinceau. On peut ajouter à cette composition, un peu d'ocre jaune ou rouge, pour lui donner une nuance qui approche de la couleur de la pierre. *

Papier à dérouiller le Fer et l'Acier.

On imprègne d'une forte dissolution de colle-forte une feuille de papier, puis on la saupoudre avec de l'éméri fin ou du grès pulvérisé. Le verre ou la ponce pilée produisent le même effet. Il faut, lorsqu'on a tamisé l'éméri ou le verre sur le papier collé, le recouvrir d'une feuille de papier sur laquelle on passe un rouleau en appuyant fortement au papier ; on secoue le papier lorsqu'il est sec, afin de faire tomber tout ce qui ne serait pas adhérent.

Lorsqu'on veut nettoyer des ustensiles, des armes ou autres objets en fer, on déchire un morceau de papier, avec lequel on enlève la rouille ou la crasse adhérente au fer. On donne différents degrés de finesse aux matières qui doivent composer ce papier , ou on les varie selon qu'on veut donner au fer un poli plus ou moins beau. *

Procédé pour rendre les Souliers et les Bottes imperméables à l'eau et en prolonger la durée.

On a fabriqué des cuirs imperméables , mais leur usage ne s'est pas répandu , parce que les souliers et les bottes qui en sont faits ne permettent pas à la transpiration des pieds de s'évaporer et les entretiennent dans un état de chaleur désagrable et nuisible à la santé. Voici un moyen peu coûteux de rendre les souliers et les bottes imperméables à l'eau, sans que la transpiration soit arrêtée, et de leur procurer une longue durée.

On fait fondre dans un vase de métal ou de terre vernissée , parties égales de suif ou de résine du pin ou sapin , par exemple une demi-livre de l'un et de l'autre. Lorsque cette matière est en fusion, et qu'elle a été un peumélangée, on en frotte avec un petit pinceau de crin de cochon la semelle des souliers et le tour de l'empeigne qui tient à celle-ci , seulement à la hauteur de deux à trois centimètres ou un bon doigt. On réitère cette opération jusqu'à trois fois , en exposant chaque fois les souliers aux rayons du soleil dans les mois de l'année où il est le plus chaud, et ayant soin de le retourner pour qu'ils soient frappés également de la chaleur, et que la préparation dont on les a induits, puisse pénétrer dans tous les pores du cuir. Lorsque cette préparation reste à la surface dans un état luisant, c'est un signe que le cuir est suffisamment imbibé; on peut alors se servir des bottes ou des souliers. Si l'on destinait les bottes à marcher dans l'eau, il faudrait frotter, avec la préparation dont nous venons de parler, non seulement la semelle, l'empeigne, mais aussi la tige. Alors elles seraient entièrement imperméables à l'eau; mais il suffit pour l'usage ordinaire de procéder ainsi que nous l'avons expliqué. *

Eau de la Reine de Hongrie.

Sommités fleuries et fraîches de romarin,	1 p.
Alcohol. à 32°,	3
Eau distillée de romarin,	1

Faites macérer pendant quatre ou cinq jours, et distillez au B. M. pour obtenir la quantité de l'alcohol employé (dose 3 j. à ℥) comme tonique excitant.

On prépare de la même manière les alcoholats de menthe poivrée, de menthe crépue, de mélisse, de lavande, etc. **

Graisse pour adoucir les frottements des Essieux de voiture, des Engrénements et autres parties de machine.

La nécessité où se trouvent les voyageurs et conducteurs de voiture, de graisser chaque jour les essieux, occasione autant de dépense que d'embarras. C'est pour éviter ces inconvénients qu'on a imaginé une composition qui adoucit infiniment plus les frottements, et qui n'a pas besoin d'être renouvelée aussi souvent. On prend pour la composer quatre-vingts parties de graisse sur vingt de plombagine, réduite en poudre très fine. On met le tout dans un vase sur un feu doux : et lorsque la graisse ou le saindoux est fondu, on remue et l'on mélange bien le tout jusqu'à ce que le refroidissement ait lieu. On emploie cette composition avec un pareil avantage aux rouages des machines, pistons de pompes, etc. On a calculé que l'économie est de sept huitièmes comparativement à celle de la graisse ou de l'huile. *

Procédé pour percer le Fer et l'Acier sans le secours d'aucun outil.

M. le colonel Everin, directeur de l'arsenal de construction de Metz, s'est assuré

par diverses expériences, que le soufre
a la propriété de percer le fer chauffé
à une haute température. Il est parvenu à
percer en quatorze secondes, avec un bâton de soufre de quinze millimètres,
de diamètre, une lame de fer forgé, de
seize millimètres d'épaisseur, chauffée au
rouge dans un feu de forge ordinaire. Le
soufre a fait dans le fer un trou de part en
part parfaitement circulaire, et qui avait
conservé exactement la forme du bâton employé ; cependant il était plus régulier du
côté de la sortie que du côté de l'entrée.

L'acier corroyé a été percé plus promptement que le fer, et a présenté les mêmes
phénomènes pour la régularité des trous ;
mais la fonte grise, décapée à froid et ensuite à chaud, et chauffée jusqu'au point où
elle allait se liquéfier, n'a subi aucune altération de l'application du soufre à sa surface, où il n'a même laissé aucune trace. *

Manière de faire les Chandelles.

Faites sécher sur une perche de la graisse
retirée des intestins et des reins des ani-
maux; après l'avoir coupée en petits morceaux, faites-la bouillir dans une chaudière
où vous aurez jeté un léger filet d'eau, ayant
soin de la remuer jusqu'à ce qu'elle soit entièrement fondue ; passez - la à travers un
vase de cuivre, et à défaut un panier d'osier;
laissez-la refroidir ; ôtez les impuretés qui

sont à sa surface. Remettez-la dans la chaudière avec un peu d'eau et demi-once d'alun
par vingt livres de graisse ; il ne reste plus
qu'à la couler dans des moules garnis préalablement de leurs mêches.

On expose ensuite (la chandelle à l'air,
ce qui lui donne plus de blancheur et de fer-
meté.

Chandelles économiques.

Prenez des os, et pilez-les dans un mortier ; faites-les bouillir à petit bouillon.
Vous en retirerez une graisse dont vous ferez d'excellentes chandelles, par le même
procédé que ci-dessus.

Pour les rendre un peu moins grasses, on
pourra mêler à cette graisse un dixième de
suif de mouton.

Manière d'obtenir un Cidre économique.

Faites sécher au four la quantité que vous
jugerez convenable de pommes coupées par
tranches, mettez-les dans un tonneau où il
y ait eu du vin ; remplissez-le d'eau aux trois
quarts ; versez un verre de levain de bière
et deux litres de mélasse ; mettez-un léger
bondon de papier, et laissez-le fermenter; trois
ou quatre jours suffisent. Si c'est en hiver, il
faut placer le tonneau dans un lieu chaud,
la voûte d'un four de boulanger par exem-

ple. Avant que la fermentation vineuse passe à l'acide, achevez de remplir le tonneau avec de l'eau; bondonnez-le fortement, et un mois après vous pourrez le mettre en perce.

On peut faire de très bonne piquette quand on a tiré la moitié du tonneau en le remplissant de nouveau avec de l'eau.

Manière de faire le Ciment pour boucher les fentes et les crevasses des Réservoirs d'eau.

Prenez de la poix liquide et de vieux suif autant de l'un que de l'autre; faites les bouillir dans une chaudière. Retirez-la du feu quand l'écume montera, attendez que le mélange soit refroidi pour y jeter quelques pincées de chaux pilée. Mêlez le tout jusqu'à consistance de pâte.

Cirage des Bottes et des Souliers.

Cirage à l'œuf. Pour faire ce cirage prenez un œuf et videz-le dans un pot avec un peu de noir de fumée. Pour les mêler, munissez-vous d'un pinceau que vous ferez rouler rapidement et fortement entre les mains; versez ensuite deux ou trois cuillerées de vinaigre et le double de bière, et agitez le tout de nouveau. On peut s'en servir sur-le-champ.

Cirage à la brosse très luisant.

Prenez noir d'ivoire   4 onces.
    mélasse,   3 onces.
et mêlez.
Ajoutez dans le même ordre en mêlant,
    lait,   2 cuillerées.
    vinaigre,   1   id.
    huile de vitriol,   1 once.

Cirage imperméable.

Prenez :
    graisse de porc,   4 onces.
    suif,   8
    térébenthine,   2
    cire jaune nouvelle,   2
    huile d'olive,   2
Faites fondre et mêlez le tout.

Frottez la chaussure avec cette composition ; laissez-la ensuite douze heures pour donner au cuir le temps d'imbiber le liquide, et vous pouvez être assuré que vous ne sentirez aucune humidité, fussiez-vous obligé de marcher toute une journée dans l'eau.

Manière de faire la Cire à cacheter.

Cire rouge. Il faut faire fondre sur un feu doux, dans un pot bien net, demi-once de gomme laque et deux gros de colophane,

Cela fait, ajoutez deux onces de térébenthine, puis une drachme de cinabre , et enfin une drachme de minium que vous mettrez peu à peu ; triturez soigneusement le tout, et divisez-le en petits bâtons.

Cire noire. Pour faire la cire noire vous n'avez qu'à remplacer le cinabre par du noir d'imprimeur.

Pour rendre la cire plus compacte , ayez une table carrée, au milieu de laquelle vous aurez pratiqué une petite ouverture ; recouvrez cette ouverture d'une plaque de fer que vous ferez chauffer en allumant du feu sous la table ; arrosez alors votre plaque avec de l'huile , et mettez-y la cire à cacheter, roulez-la dessus avec les mains pour l'étendre et pouvoir lui donner la grosseur que vous jugerez convenable Il y en a qui jettent la composition dans les moules. Au moyen d'une plume trempée dans du cinabre mêlé avec de la poix-résine fondue , vous vernirez ensuite les bâtons.

Manière de faire les Crayons d'esquisse autrement appelés Fusains.

Remplissez de petites baguettes de fusain (*evonymus europæus*, bois à lardoire, bonnet-de-prêtre), un petit canon en fer; après l'avoir bouché aux deux bouts, mettez le dans le feu. Le bois se réduira en charbon sans se casser, et vous le retirerez du canon pour vous en servir.

Moyen économique de faire les Crayons noirs.

Sciez en morceaux de la grosseur que vous voudrez donner aux crayons, du charbon très fin. Placez-les ensuite dans une terrine pleine de cire fondue à un feu très doux. Vous retirerez vos fragments au bout d'une demi-heure et les laisserez se refroidir.

On peut, pour rendre les crayons plus durs, mêler à la cire une petite quantité de résine. Pour les avoir mous on met du beurre ou du suif à la place de la résine.

Crayons Rouges.

Procurez-vous de la sanguine en poudre extrêmement fine, que vous délaierez dans une grande quantité d'eau; laissez-la reposer pendant dix minutes pour laisser tomber au fond la partie la plus grossière de la sanguine, et avant de donner à l'eau le temps de déposer la partie fine, versez-la dans un vase où vous la laisserez vingt-quatre heures. Décantez votre eau, faites sécher la pâte, dont vous prendrez une once que vous broierez soigneusement, avec vingt-quatre grains de gomme arabique étendue dans un peu d'eau, approchez votre pâte d'un feu doux pour la faire sécher, et, quand elle aura la consistance du beurre, formez-en de petites baguettes.

Quelques grains de plus de gomme arabique rendront votre crayon plus dur, si vous le désirez.

Procédé économique pour dorer le Cuivre.

Prenez quatre onces et demie de craie réduite en poudre très fine, et qui ne soit pas pierreuse; mêlez à cette craie une demi-once de soufre, broyez le tout et frottez-en le cuivre à sec; il aura une très belle couleur d'or.

Liqueur pour aviver la Dorure.

On se procure une once et demie de soufre, une demi-once d'alun, une demi-drachme d'arsenic, une demi-drachme d'antimoine. Pulvérisez ces matières à part, et jetez-les ensuite l'une après l'autre dans de l'urine bouillie que vous aurez soin d'écumer; agitez-les avec un bâton, et laissez-les bouillir; trempez dans cette composition les objets que vous aurez dorés, jusqu'à ce que la couleur paraisse vive.

Manière très simple et très économique de purifier l'Eau.

Jetez au fond d'une jarre remplie de l'eau que vous voulez purifier, du sablon fin ou une composition poreuse composée de sablon, de charbon de bois ou de pierre et de quelque ciment spongieux. Laissez reposer l'eau pendant quelque temps. Par ce moyen elle acquerra une très grande limpidité et une saveur franche que n'ont pas les eaux passées à travers les filtres les plus nets.

Manière de faire l'Encre Noire.

Prenez une livre de noix de galle concassée, faites-la bouillir dans dix livres d'eau de pluie ; lorsqu'elle sera réduite aux deux tiers, vous y jetterez deux onces de gomme arabique dissoute dans le vinaigre, et huit onces de sulfate de fer : on donne encore quelques bouillons ; on laisse reposer, et l'on décante.

Encre Bleue.

Il faut se procurer de la crême de tartre, une once ; du vert-de-gris, autant. Reduisez en poudre la crême de tartre et le vert-de-gris. On met ce mélange dans un matras, on le place sur un bain de sable un peu chaud, où il doit rester pendant trois jours; on y joint ensuite trois onces d'eau, et l'on continue de faire chauffer pendant six heures; on passe cette composition au filtre et on y ajoute un peu de gomme arabique.

Encre Rouge.

Faites bouillir dans un bassin en cuivre quatre onces de bois de Fernambouc en poudre avec un peu plus d'une chopine d'eau. Filtrez la liqueur que vous aurez laissée réduire à la moitié, et mettez-y un gros de gomme arabique en poudre.

On peut, pour rendre cette encre d'un rouge plus vif, y ajouter quelques pincées de sulfate d'alumine pulvérisée.

Encre Violette.

Pour faire de l'encre violette, il faut faire bouillir trois onces de bois de Fernambouc avec une once de bois d'Inde; ajoutez-y un gros de gomme arabique concassée, et quelques pincées d'alun.

Encre Jaune.

Si vous voulez obtenir de belle encre jaune, prenez quatre onces de graines d'Avignon concassée, faites-les bouillir comme ci dessus, avec une demi-once de sulfate d'alumine et une chopine d'eau, pendant une heure ; après quoi, vous y jetterez un gros de gomme arabique.

Encre Verte.

Faites bouillir dans un vase de terre vernissé, pendant une demi-heure, une chopine d'eau, dans laquelle vous aurez mis deux onces de vert-de-gris ; remuez le liquide avec un morceau de bois , et après y avoir jeté une once de crême de tartre, faites-le bouillir encore un quart d'heure ; passez-le ensuite au travers d'un linge ; remettez-le sur le feu, où vous le laisserez diminuer d'un tiers.

Manière de faire le Fromage.

La manière de faire le fromage se réduit

    1° A faire cailler le lait ,
    2° A séparer le sérum ;
    3° A saler le caillé égoutté ,
    4° A affiner le fromage.

Manière de faire d'excellent Fromage avec des pommes-de-terre.

On prend une quantité suffisante de pommes-de-terre que l'on pèle après les avoir fait bouillir , puis on les pétrit dans les mains pour en faire une pâte ; on y ajoute alors du caillé de lait doux dont on n'a point enlevé la crême, dans la même proportion que les pommes-de-terre ; on mêle le tout, on l'assaisone avec du sel, du laurier et des clous de girofle pilés ; on le couvre et on le laisse fermenter pendant un jour sans y toucher, après quoi on peut le mouler en petits fromages qui sont très bons à manger.

Manière de Conserver les Fruits.

Il y a plusieurs procédés pour conserver les fruits, nous allons donner celui qui est le plus facile et le plus économique.

Placez les fruits que vous voulez conserver dans une barrique bien bouchée ; mettez cette barrique dans un tonneau plus grand, et remplissez d'eau l'intervalle. Vos fruits se conserveront parfaitement et pourront même être transportés dans les pays les plus éloignés sans éprouver aucune altération.

Procédé pour empêcher la Gelée des Fruits.

Ce procédé est très simple, et consiste à couvrir les fruits d'un peu de paille, et d'étendre par dessus un drap mouillé ou mieux encore une natte de paille bien épaisse et bien mouillée, en prenant soin pourtant que l'eau ne pénètre pas jusqu'aux fruits.

Manière de faire en été de la Glace artificielle.

Procurez-vous un cuveau de trois ou quatre pouces de diamètre; remplissez-le d'eau; mettez-y un sceau également plein d'eau, mais dont les bords soient plus élevés que ceux du cuveau. Puis placez dans le sceau le liquide que vous voudrez faire geler, contenu dans une carafe ; après cela, saturez de sel ammoniac l'eau du cuveau, et vous verrez la liqueur du flacon se changer en glace.

Nota. Le sel ammoniac pourra vous servir plusieurs fois, si vous faites évaporer l'eau par un moyen quelconque.

Procédé pour dissoudre la Gomme élastique.

Sur un bain de sable chaud placez un matras à long col, où vous aurez versé une livre d'esprit de térébenthine. Coupez en petits morceaux une livre de gomme élastique et jetez-la peu à peu dans le matras; quand elle sera fondue, vous y ajouterez une livre d'huile de noix rendue siccative; vous laisserez le tout bouillir pendant un quart d'heure, et vous pourrez au moyen de moules donner à la gomme élastique la forme que vous désirerez.

Procédé pour rendre siccative l'Huile de noix ou de lin.

On fait dissoudre dans l'huile une once de litharge par livre ; on peut remplacer la litharge par un peu d'essence de térébenthine.

Manière de faire l'Huile antique pour les cheveux.

L'huile antique s'obtient en mettant dans une caisse des couches alternatives de poudre d'amande et des couches de fleurs (celles dont vous voudrez donner l'odeur à l'huile); il faut remplacer les fleurs, toutes les douze heures pendant huit jours. Ensuite vous mettrez la poudre seule dans des toiles neuves, et vous en ferez des paquets pliés deux à deux, plis contre plis; vous les mettrez à la presse pour en extraire l'huile, que vous verserez dans des fioles pour vous en servir au besoin.

Vous devez faire vous-même votre poudre d'amande, parce que celle que l'on vend est dépouillée de son huile. On pèle les amandes à l'eau chaude; on les fait sécher, on les pulvérise, et on les passe au tamis pour en séparer le son.

Procédé pour repasser les Instruments tranchants.

Ayez du sayon dit savon de palme. Après avoir nettoyé la pierre à repasser avec une éponge, du savon et de l'eau, il faut bien l'essuyer; trempez votre pierre et votre savon dans l'eau pure ; frottez ensuite la surface de la pierre avec le savon; il est nécessaire qu'elle en soit recouverte entièrement. Après cela, repassez votre rasoir ou tout autre instrument à l'accoutumée, il obtiendra un fil bien supérieur à celui que lui donne l'huile. Il faut faire attention qu'il n'y ait point de poussière sur le savon.

Procédé pour faire un excellent Mastic propre à couvrir les terrasses, revêtir les bassins, souder les pierres et empêcher l'infiltration de l'eau.

Prenez quatre-vingt-treize parties de brique ou d'argile bien cuite, et sept parties de litharge, mettez-les en poudre et mêlez-les ensemble. Ajoutez ensuite la quantité suffisante d'huile de lin, pour leur donner la consistance du plâtre gâché. On peut s'en servir de suite, mais il faut avoir la précaution de mouiller avec une éponge imbibée d'eau, l'objet que l'on veut couvrir de ce mastic; il aura acquis dans moins de quatre ou cinq jours une grande dureté.

Mastic de limaille de fer.

Procurez-vous :

12 livres de limaille de fer.
3 id. de sel marin.
1 id. d'huile grasse.
12 têtes d'ail.

Pilez l'ail et mêlez-le avec les trois premières substances, auxquelles vous joindrez partie égale de vinaigre et d'urine pour rendre la matière liquide; vous ne pourrez vous en servir qu'après l'avoir laissé reposer vingt-quatre heures.

Mastic qui résiste au feu et à l'eau.

Mettez dans une demi-pinte de vinaigre une quantité égale de lait; le lait se coagulera. Prenez le petit-lait seul et ajoutez-y les blancs de cinq œufs, que vous battrez bien. Après les avoir parfaitement mélangés, mettez-y de la chaux vive tamisée ; mêlez le tout jusqu'à consistance de pâte. Le feu et l'eau ne pourront rien sur ce mastic, si après vous en être servi, vous avez la précaution de le laisser bien sécher.

TABLE ALPHABÉTIQUE
DES MATIÈRES.

(Le chiffre indique la page.)

C

P

Q

R

S

T

FIN.

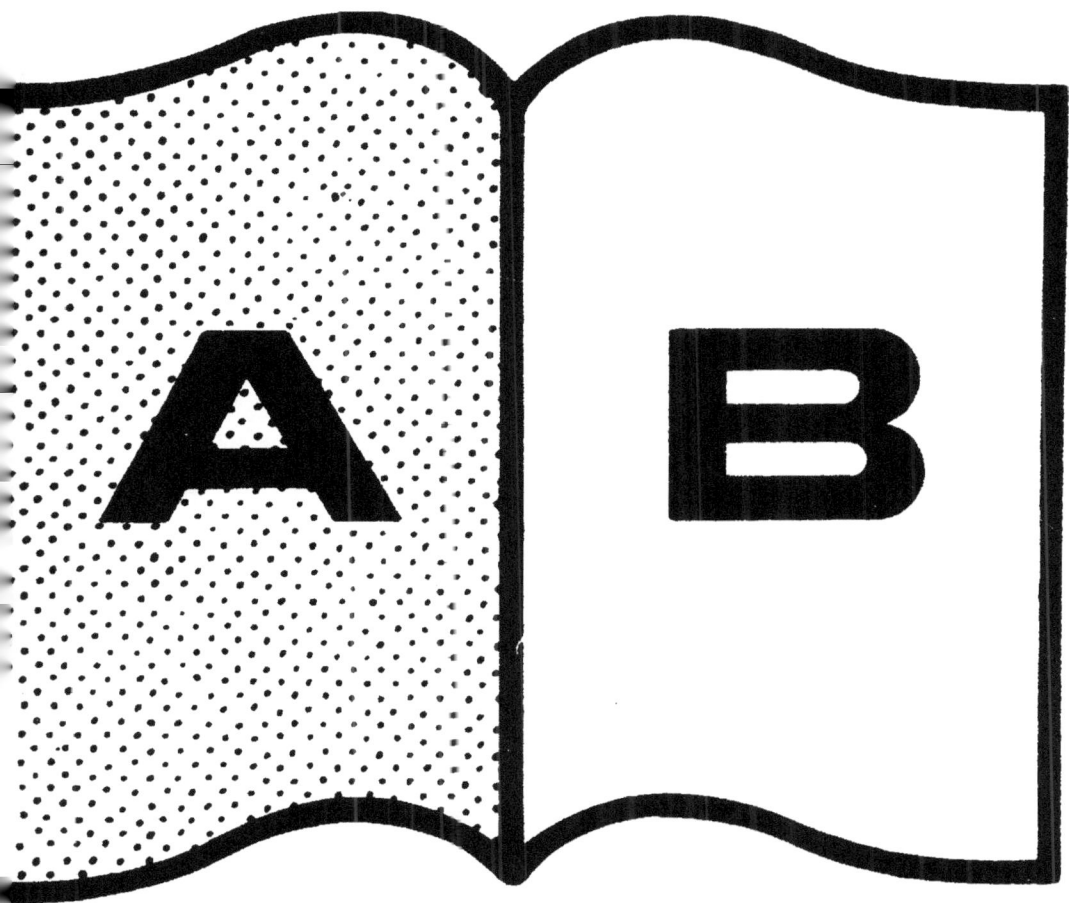

Contraste insuffisant

NF Z 43-120-14